末日真相

作者：完成

目錄

前言

（一）

本書的名字叫「了」，你聽後會不會楞了一下，什麼意思？

「了」有三層意思，一是結束，完了。人類的歷史，走了好幾千年，現在到了一個改頭換面的節骨眼，也就是說，快進入「了」的時刻。

二是出人意料之外，從一開頭的「了不得」，到收尾的「不得了」，都帶著這樣的含義。

三是第三聲的「了」（liao），也可以讀成平平淡淡的「了」（le），「好了」就是人們最喜歡用的口語。所以，「了」最後帶給人的是一種終於可以透一口氣的輕鬆、新鮮、平和的幸福感，這不就是人一直所盼望的嗎？

本書帶給人的「意外」，在於它所談的是屬於性愛的話題，但和一般人所想、所知的卻不一樣。不管你現在有沒有什麼宗教信仰，信的是什麼，或信到什麼程度，相信本書所談的，都多少可以為你帶來一些有益的思考。

當前，傳統的婚姻觀念受到了許多的衝擊，同居、試婚、閃婚、離婚等等，不但成了人們司空見慣的事，甚至有的人，以為若不經過婚前

的性經歷，就無法判定兩個人的結合是否合適。

這些問題的存在，不但給許多人帶來了困惑，而且，實際上將對無知的人帶來極大的傷害。因為，婚姻有著其獨特的運行法則，不管當事人是否知法，天網恢恢無從藏汙納垢，無知的人免不了要受心靈和身體痛苦的折磨。

（二）

本書「了」的副標題是「末日眞相」，其核心內容，借著封面的圖像一目了然為你闡明。不難看出，它在講的是有關挪亞時代的大洪水與方舟的故事。

值得一提的是，許多人都熟知神在大洪水之後，跟人立了彩虹之約的故事，但卻不明白記載在《創世紀》第 9 章中，與此約有關之經文的眞正含義。一般而言，我們都把所謂的彩虹之約，理解為雨後天晴，一派鳥語花香令人陶醉的美景。

殊不知，聖經的眞實含義與人的想法恰好背道而馳。因為，原文字典指出，「虹」的字源與「艱難」和設下羅網的「彎」連在一起。彩虹的七個顏色是與人身上所謂的七個氣輪一一對應的，換言之，它是指著人的肉體而言；

而「雲彩蓋地」是指烏雲蓋地黑壓壓，把人弄得暈頭轉向的時刻。有一個聖經翻譯版本——《呂振中譯本》特別指出：「將來我使雲彩遮蓋大地的時候，就有虹霓要出現在雲彩中」。這「將來」怎麼解？它

指的正是當前人類所處的時間點！

不必多說大家都心知肚明，現在同性戀人士所使用的所謂彩虹旗，就是與彩虹的顏色連在一起的，這正是當前烏雲蓋地見彩虹的真實寫照。

要知道，所謂的彩虹之約，是神與從方舟出來的人和動物立約，這意味著活在現時代的人，當神看見代表肉體的彩虹這一記號時，就會顧念所有與之立約的人，保守他們的肉體不至於在當前，這場全球性的性、愛不分的大迷惑中沉淪。

任何要想進入未來的千禧年國度，即大同世界的人，都免不了要認識和遵行神的婚姻之律，這也是本書的主題。

（三）

在聖經的《創世紀》中，一開始就指出，有四條河流從伊甸園裡出來，那源頭實際上是一個空虛的「點」，從這裡流出來的第一、二道河——比遜和基訓河，是在天上，它們象徵抽象、邏輯性的數字，以及宇宙間無窮無盡的奧祕信息。

而第三、四道河——希底結和伯拉河，則是在地上的東、西亞區域，對應於世界上東、西兩方，數千年來的文化。

本書的信息，就像伊甸園的四道河，從源頭吸取了來自西方文化的聖經，東方文化的漢字、易經、預言和數字，以及猶太人的卡巴拉文

化、史威登堡的神學著作、所謂外星文明的信息等等的精華，嘗試把東西文化結合在一起，作一點拋磚引玉的貼合。

所以，不管你的文化、信仰、愛好的背景如何，從中都可以找到適合你口味的東西，哪怕是有的內容，一接觸到其標題就不想看也無所謂。慢慢的潛移默化，可能原來不少的固有觀念和想法，也會不知不覺的改變過來，做一個能夠站在合于中道的平衡位置思考問題的人。

簡而言之，本書從聖經、易經、數字、預言等四個層面，為你提供了各種客觀的觀察、切實可行的方法，讓每個人明白在當前複雜的環境下，如何在性愛上蒙受上天的祝福；而不要重複過去夏娃、亞當吃「禁果」，帶來的咒詛和厄運。

人類當前正處於前所未有的，改元換紀的節骨眼上，一個脫胎換骨的新時代，正在前面等待著我們，特別是在性愛方面，它帶來的衝擊與動力，絕對大大超出人們的所知、所想，只要把這事給徹底弄清楚，則一了百了！

第一部分

看聖經中與性愛有關的人事物

一、聖經中的性愛眞相

1、從伊甸園的「禁果」說起

《創世紀》一開始，就告訴我們說，在伊甸園裡有兩棵樹，一棵是生命樹，一棵是分別善惡樹，神叫亞當和夏娃分別善惡樹不能吃，但後來夏娃在蛇的誘惑下，還是把禁果吃了，並接下來又把禁果給了亞當。

當兩個人都吃了之後，就招來了神的審判，最後被趕出了伊甸園等等，這是許多人都熟知的故事。

有的人又說，這兩棵樹實際上是一棵。那麼，禁果又從哪里來？分別善惡樹的「分別」，除了照字面理解，帶有來自不同源頭的善惡二者，必須分開辨別清楚的意思之外，其字源跟「認識」連在一起。而這一個「認識」，可以把之當作「同房」理解，由此，所謂的「禁果」是對著性行爲而言。

在夏娃還沒有被造之前，神就給亞當先打了「預防針」：分別善惡樹不能吃。換言之，神警告亞當：如果往後在性關係方面，發生了善惡相交，也就是潔淨和不潔淨，混雜在一起的性行爲，你就必定死。

其實，所謂夏娃、亞當吃禁果的眞相，是指夏娃先跟蛇，也就是撒但發生了不當的性關係；接著，又回過頭來跟亞當再發生性關係，結

了——末日眞相

果，兩個人就通通掉進了「死了又死」的陷阱。

換言之，在此之前，亞當和夏娃已經有了性生活。神把他（她）倆造出來之後，兩個人不用穿衣服，就披著光的外衣，在光裡面自由自在享受著純潔、自由、幸福的性生活。

但當蛇這第三者一插進來，一切就變味。聖經指出，夏娃與亞當吃了禁果之後，馬上知道自己是赤身露體，便拿無花果樹的葉子為自己編做裙子。後來，神為亞當和他的妻子用皮子做衣服給他們穿。

這意味著，夏娃和亞當一開始想用無花果樹的葉子來遮蓋自己犯罪的真相，但神卻用赤裸裸的「皮子」曝露了她（他）倆的罪行。任何人真心實意的悔改，都從坦然認識自己的過錯開始。

根據卡巴拉，也就是猶太神祕派的說法，夏娃在墮落之前的名字叫哈婭，其數碼是 23，代表生命及審判；夏娃是她犯罪之後的名字，數碼為 19，意思是「針眼」。

耶穌在聖經上說過，「駱駝穿過針的眼，比財主進神的國還容易呢」，就是說「針眼」帶有「不容易」的含義。

就性關係而言，在舊約的律法中，凡犯淫亂罪之雙方，都要被眾人扔石頭打死。能夠從心裡到外面，徹底守得住這條規矩的，就像駱駝穿針眼那樣難和少。

因此，說生命樹和分別善惡樹是同一棵樹也沒錯。如果人活在聖潔的性生活中，就好比天天在吃生命樹；反之，亂七八糟的性行為，就像

13

置人於死地的禁果，誰染指誰倒楣。從一開始，性行爲就和人的生死息息相關，只是人沒有深刻認識到這一點罷了。

所以，使徒保羅才特別指出：「人要離開父母，與妻子連合，二人成爲一體。這是極大的奧祕」。這奧祕就是說，在夫妻兩個人之外，若有第三者介入性關係的話，那將是一個與人之生死有關的問題，可不要以爲，隨便碰一下沒關係。

在亞當夏娃吃了禁果之後，神對蛇和女人所作的審判：「女人的後裔要傷你的頭；你要傷他的腳跟」，這事與性也有關。

若看一下人體的解剖圖，從頭到尾往下看，整一條脊椎就像一條蛇，而蛇頭恰好緊貼在，尾骨近生殖器的部位；而漢字「腳」的部首出自「肉」；「跟」中的「艮」字，與腳中的「卻」一樣，都帶有退卻、止住之意。

這意味著，蛇的頭被女人的後裔傷了，它一直想借色殺人的陰謀詭計，大大地受到了挫敗，要不然，今天被蛇吞吃的人不知有多少？

而人被蛇傷了腳跟，聖經原文字典指出，這「腳跟」的詞源是跟「迷惑、腫脹」連在一起的，暗示說人的肉體一直落在撒旦的迷惑之中，頻頻而來的性試探，就像人的腳跟被傷害到「腫脹」的程度，仍然麻木不仁，不知未來的結局是死路一條在等著。

過去不少人老想，我們夠倒楣。亞當、夏娃吃禁果，甜頭他（她）倆嘗了，苦頭卻留給我們，太不公平。現在才明白，原來是他（她）們先吃了「苦果」，又讓子孫後代繼續受牽連、嘗死味。這樣的結局，只

有等到千禧年時代到來時，才能徹底翻盤。

2、亞當、夏娃的生子

接著，來到亞當和夏娃生子。《創世紀》第 3 章講了神對蛇、對人的審判，第 4 章緊接著，就講到亞當和夏娃生了兩個兒子——該隱和亞伯的事。所謂有子萬事足，這不是可喜可賀的事嗎？

然而，這兩個兒子一生下來後，倒楣的事就在這個人類第一家庭裡發生了：該隱殺死了自己的兄弟亞伯，剩下的人通通被趕出天上的伊甸園，成爲在人間浪跡江湖的難民。

爲什麼這樣的厄運會臨到這人類第一家庭？

這問題，實際上和夏娃與撒但發生了性關係，接著亞當又無知跟夏娃再發生性關係連在一起。因爲，不潔淨的夫妻性關係，會造成其後代也受到牽連。一旦違背了神的律法，失去了祝福的源頭，人能好到哪里去？

夫妻的任何一方，若與第三者發生了性關係，接著把這種不潔的「種子」，又傳染回來給原來的配偶，那麼，大家一起中招的結果，就像疫情裡的病毒，把全家的人，都籠罩在死亡的陰影之中。

這個道理，到了新約的時代，耶穌才爲他的門徒們揭開。儘管舊約的人不明白此一道理，但神之律不會因爲人之無知就不運行。所以，今

天的人聽到、知道了，若還執迷不悟，我行我素的話，接下來的一切後果就各就各位，自己承擔是了。

到了《創世紀》第 5 章，「亞當活到一百三十歲，生了一個兒子，形象樣式和自己相似，就給他起名叫塞特」，這是進入另外一個轉捩點。

從聖經的數字系統而言，數字 130 和 13 是同一個數系，也就是說，可以把 130 當作 13 去理解。而希伯來文的數碼 13，帶有「愛、合一」的含義，所以，我們可以把亞當在 130 歲的生賽特，當作是一個「愛、合一」的新開始。

亞當和夏娃經過了 130 年的反省、悔改和重新磨合，相當於與撒但徹底「離婚」了，現在亞當是帶著新的形象樣式出現。「賽特」的意思是「代替」，賽特和亞當新的形象樣式相似，所以才可能代替當初該隱的角色。

由此，聖經特別指出，「塞特也生了一個兒子，起名叫以挪士。那時候，人才求告耶和華的名」。

這意味著，該隱及由他所出的後代，都帶著混雜不潔的基因，不會在神的面前服下來。因此，只有出自賽特的新一代，才會學習求告耶和華的名。這都是由性關係引發出來的差別。

3、挪亞時代的婚姻

在挪亞大洪水降世前夕，聖經明確記載：「神的兒子們看見人的女子美貌，就隨意挑選，娶來爲妻。那時候有偉人在地上，後來神的兒子們和人的女子們交合生子；那就是上古英武有名的人。耶和華見人在地上罪惡很大，終日所思想的盡都是惡。」

可見，混亂的性關係乃是引發大洪水的主要原因，它是一切罪惡的源頭。到了挪亞出方舟的時候，性行爲仍然扮演著十分重要的角色。可以說，它是貫穿整本聖經的一條主線，不論什麼時候都在起主導作用。挪亞一家人從方舟出來之後，馬上就被捲進了與性關係有關的事件之中。

聖經記載：挪亞出方舟之後，「作起農夫來，栽了一個葡萄園。他喝了園中的酒便醉了，在帳棚裡赤著身子。迦南的父親含看見他父親赤身，就到外邊告訴他兩個弟兄。於是閃和雅弗拿件衣服搭在肩上，倒退著進去，給他父親蓋上；他們背著臉就看不見父親的赤身。挪亞醒了酒，知道小兒子向他所做的事，就說：迦南當受咒詛，必給他弟兄作奴僕的奴僕」。

這一段的聖經故事，對許多人來說，都並不陌生。但是，卻不明白其後面的眞相。據卡巴拉的說法，這段聖經的眞正含義，並不像字面所描述，僅僅是挪亞赤身裸體，看起來丟人現眼的問題。

事件的眞相，是說挪亞的妻子來自該隱家譜中的拿瑪，長得很漂亮可愛。挪亞在跟拿瑪同房之後，他的小兒子含，在父親喝得醉醺醺、不

省人事的情況下，忍不住肉體的情欲，接著就與其母親發生了亂倫的性關係。於是，咒詛就落到了含的兒子迦南身上。

可能，不少人想不明白，為什麼罪是含犯的，受咒詛的惡果，卻要他的兒子迦南來承擔。上帝是公義的，難道祂會閉一隻眼睛，看著這樣不公平的事不聞不問嗎？

要正確認識這個問題，離不開先弄清楚，什麼人事物有可對比性，或不能相比，這是一個很重要的前提。比方說，過去王權在手的君主，一個連誅九族的聖旨一下來，被誅家族中大大小小的成員，不管是好人還是壞人，沒有一個跑得了。這不就像看似無辜受咒詛的迦南一樣，哪里去找公平？

所以，我們才要明白，性關係是事關生死的問題，就像迦南一旦被「圈」進了含的名下，倒楣的事就一定會分到一杯羹。這都是人來自亞當先天墮落基因惹的禍，想想，有誰願意身不由己成為「霉二代」？

人沒有辦法為自己選父母，但卻可以管好自己的性行為，為後代創造一個美好的榜樣，及良性的基因循環。這比什麼上補習班、優生課、贏在起跑點上都頂用。而且是免費的，只是人必須相信，這是神千古不變的律，值得花一輩子的努力去遵行。

現在，在生男生女的問題上，過去所謂重男輕女，老生常談的話題，被有的父母解讀為：生男好，因為不會吃虧，在如此性開放的社會，兒子與越多的女孩子發生性關係，算是「賺」得越多，越合算。

了──末日真相

還有，什麼男人不壞，女人不愛。如果抱著這樣的觀點不變，再繼續混下去的結局，當大洪水到來時，還能不被洶湧的洪流沖走嗎？一種混亂的性關係或性觀念，勢必影響到個人、家庭、群體，甚至於整個地區、國家等，現今及未來的生活及社會狀況，這是以往人們很少悟解到的問題。

挪亞時代的大洪水之所以到來，問題出在墮落的天使，與女人發生了性關係；大洪水之後，問題像踢球一樣，又回到性關係這裡來。

物理的熱力學有一條與熵有關的定律，是說事物越混亂就越接近，物極必反的滅亡地步。同理，如果人類的性生活越來越離譜，世界末日像大洪水般從天而降，也必定是越來越靠近的事。

聖經上耶穌把所謂的世界末日，與當年挪亞的大洪水連在一起，無非在提醒我們，今天人類所面臨的無處不在的性氾濫，無非是大洪水再一次到來的先兆。實際上，要解開聖經《啟示錄》裡面的奧祕，有不少的內容，都是與大洪水和方舟連在一起的，因為它們彼此之間有著密切的聯繫。

不必費神去猜測，世界末日什麼時候會到來，只要看看還有多少人，「不見黃河心不死」，就知道距離「黃色」的洪水決堤的日子有多遠。

今天的人類要想逃過世界末日的浩劫，注目於改變被人為破壞的氣候環境固然重要，但如果不堵住性氾濫，這場「大洪水」帶來的巨大缺口，恐怕其他的努力都是治標不治本。

聖經上一直提到，神賜給以色列人的迦南美地，是流奶與蜜之地。這

其中也隱藏了與性行爲有關的奧祕。

聖經上有兩個「迦南」，一個是人名的迦南，那是指挪亞的小兒子含的兒子，即受挪亞咒詛的孫子而言；另一個是地名的迦南，即聖經上常常提到的迦南美地，那是神賜給以色列人的流奶與蜜之地。

摩西臨終前，交待以色列人進迦南時，一幫人要站在基利心山宣告祝福，另外一幫人則站在以巴路山宣告咒詛。

據《聖經人地名意義彙編》一書所言，以巴路山高出海平面 3000 尺；而基利心山高出海平面不過284尺，這樣一個相差懸殊的高度，就像從天而降的水，借著神的審判把原來受咒詛的迦南，變爲「流奶與蜜」的祝福。

值得一提的是，約書亞是在進迦南攻下了艾城之後，才叫以色列人站在以巴路山和基利心山，宣告咒詛和祝福。《聖經人地名意義彙編》一書，特地把「艾」城改叫爲「愛」城；受祝福的「基利心山」，帶有受割禮的含義在其中。這是愛與性既相通，又有別的明證。

這一切都暗示流奶與蜜的應許之地，帶有純潔而甜蜜的愛能量，澆灌迦南美地的含義。人類只有把不潔性關係的基因給徹底改變過來，才是唯一把咒詛反轉成爲祝福的治本之計。這也是接下來千禧年人類要做的大事。

迦南這個流奶與蜜之應許之地，白色純潔的「奶」，與金黃色的甜「蜜」成了絕配。聖經中的性愛關係，始終是一條連接方方面面的主線，如果我們擺脫傳統對性，先入爲主的看法，就可以得到一個全新

的活潑觀念。

4、示劍行割禮帶來的啓示

在挪亞出方舟之後，聖經中與婚姻有關的人事物，最重要的是神要亞伯拉罕行割禮，因爲它和人的愛情和婚姻有著密切的聯繫。

在聖經中，亞伯拉罕的一家，是首先行割禮的人。當時，亞伯拉罕 99 歲，它的兒子以實瑪利 13 歲。聖經特別記載這些數字，是有其用意的。99 是基督徒常說的「阿門」，也就是「是的，實實在在」的意思；而希伯來文的 13 帶有「愛、合一」的意思。

所以，一目了然可以看到行割禮與「愛」，有著實實在在的合一聯繫。行割禮就是割掉男人生殖器的包皮。當掃羅要大衛取 100 個非利士人的陽皮，作爲娶女兒的聘金，就是叫他要取對方 100 個人頭來交賬。

猶太人規定，男孩出生第 8 天時要行割禮，連耶穌出生後也要照行無誤。數字 8 代表分開及復活。顯然，行割禮就代表來自亞當和夏娃吃禁果引發的墮落生命，如今必須借著割包皮而宣告結束，一種由聖靈重生的新生命才得以開始。

無可置疑，行割禮一定離不開要人脫離舊的肉體情欲，才會畫龍點睛的把「手術點」，選在男人的生殖器上。而且，它不僅單獨對著男人而言，連女人也會一起被帶進性行爲的試探之中。實際上是夏娃先「中招」，後來才傳染給了亞當，雙雙得了必死的「性病」。

聖經上記載了一件與性及割禮有關的事，值得一提，因為很有啟示意義。

雅各有一個女兒底拿，她受到當地財主之子示劍的強暴，接而，示劍發現自己深愛底拿，親自上門提親，並表示願意接受女方提出的一切條件。然而，雅各的兒子們為了報復示劍姦汙了他們的妹妹，欺騙示劍城的人行割禮。而且，當示劍人在行割禮後的休養期，沒有還手之力時，一個不留地殺了。

無論如何，雅各的兒子們做的未免太過分了，但公義的神好像不在乎，還讓當地人怕他們，保守雅各一家若無其事的離開了是非之地。

這個和割禮連在一起的性事件，無非告訴我們，首先，不正當的性關係，必引來殺身之禍。不管犯了淫亂罪之後，是像示劍那樣賠禮道歉；還是像示劍城已經受割禮的人，平白無故無辜受牽累，都不能與神的愛之律混為一談。

因為，性和愛彼此之間有互通性，卻沒有直接的代替性。神「各從其類」的法則，叫我們明白一碼歸一碼，不要把不同性質的人事物混為一談。

「示劍」的意思是「背」，也就是說，這是一個背對背的地方，彼此看不到對方的面，不能把「性」和「愛」混在一起看待。

人們長期以來，都把愛與性兩者混在一起，由此「性愛」就變成了「普通話」。許多人以為卿卿我我的到一個程度，就可以半推半就的進入性關係，是理所當然的事，沒有什麼了不起。

然而，在神看來，卻不是這麼一回事。示劍是在底拿完全不同意的情況下，強暴了她，這等於犯了不可赦免的死罪。所以她的哥哥們要為之報仇雪恨，在她並不反對的情況下，此時，性所對應的生死之律就開始啟動，發揮它的效用。

雖然事後示劍表示真心愛她，親自上門提親，願意接受她家提出的一切條件。但是，底拿並沒有答應之，所以性歸性，愛歸愛。一個與生死有關；一個與愛恨有關，兩者不能混為一談，從而造成了後來在示劍城發生的悲劇。

這與一對情侶先發生了性關係，隨後，生米煮成熟飯，變成了正式的夫妻關係，性質完全不一樣。因為，那時的性愛關係已經合二為一。或者說，在性關係沒有破裂——離婚之前，是由愛恨的天平在主宰一切。

由此可見，慈愛的神對此事並不出手干涉，任憑雅各的兒子們殺死那麼多示劍人之後，闔家人還能夠全身而退，完全出自祂的婚姻法則。神不會偏心到一個地步，因為你是祂的兒女，就凡事可以拿出「老巴」的名片，無視法律橫行霸道，逢凶化吉。

怪不得今天的人，婚姻美滿的人，也不清楚幸福的源頭來自何方，想把之「遺傳」給子孫後代也沒辦法；而婚姻到處碰壁的人，也不知禍從何來，情侶換了一個又一個，卻不明白，為什麼會「性交」越多，各方面就變得越糟糕？

還有一件事也值得一提，那就是聖經記載，當以色列在妻子拉結死後，住在以得台的時候，「流便去與他父親的妾辟拉同寢，以色列也聽

見了」。

據卡巴拉的說法，實際上流便並沒有與辟拉發生性關係，他不過是不滿自己的母親利亞被冷落，所以把父親的床，從辟拉的房間搬出來而已。

原先，神是安排一對雙胞胎要從辟拉而出，因為流便的搬床，才拐了一個大彎，變成後來雅各認約瑟所生的瑪拿西、以法蓮為子，以湊足以色列的第 13、14 個支派。

由此，更應證了神的婚姻法則是不可能隨便改動的。想一想，倘若流便與辟拉發生了性關係，以色列的十二個支派就通通亂了套。一個明知故犯行淫亂的家族，神還怎麼使用他們成為自己的選民，在世人面前發光做鹽？

流便是長子，從他想幫助被哥哥們，丟進坑裡的弟弟約瑟脫險的行為，可以看出他不是一個，冒天下之大不韙而行的人，怎麼會作出如此大逆不道的事？

如果說，流便因為一個無知魯莽的行為，就失去了長子的名分，他怎麼可能明目張膽與父親的妾發生了亂倫的性關係，神還能使之逍遙法外，讓他的子孫，排在以色列十四個支派的最前面？

所以，要認識聖經的真理，一定不能離開聖經的整體性、不變性，要站在神的立場，才能真正的認識聖經的無誤性。多少人以為，聖經上白紙黑字所寫的哪能錯？卻沒有想到，自以為是膚淺看問題，乃是人性的通病。尤其好為人師的，更應該時刻清醒的反思這一點。

5、看亞瑪力人的真相

最後，再談一談記載在聖經上的一件事。雖然，它似乎與性愛的問題沒有直接的關係，但是，如果真能認識此事的實質，對於每一個人未來的前途，必將發揮不可估量的作用。

聖經上記載：「耶和華已經起了誓，必世世代代和亞瑪力人爭戰。我要將亞瑪力的名號從天下全然塗抹了。」這亞瑪力人到底來自何方，為什麼會引發耶和華如此大的怒氣，與之勢不兩立？

原來，他是亞伯拉罕的孫子以掃所生的兒子以利法，與他的妾亭納所生的兒子叫亞瑪力。「亭納」是聖經中獨一無二男女不分、混雜得離譜的名字。

在《歷代志上》，記載以利法有七個兒子，第六個叫亭納，第七個叫亞瑪力。由此，亭納既是母親，又是兒子。這兩個男女不分的「亭納」與亞瑪力，實際上是代表了《啟示錄》中所說的，三個像青蛙一般的汙穢的靈。

「亞瑪力」的詞根從「勞苦」而來。在新約的主禱文中，「不叫我們遇見試探，救我們脫離兇惡」，其中的「兇惡」，就是指亞瑪力的「勞苦」。這意味著，亞瑪力所代表的是一種不服於造物主之手的叛逆性格，結果才惹來「耶和華起了誓，必世世代代和亞瑪力人爭戰」的咒詛。

「亭納」的出身是一個妾，它的意思是「受壓制、不可到的」。換言

之，作爲「妾」最大的人性短板，就是不甘心處於受壓制的地位，哪怕是明明無法達到的目標，也要與「妻」一爭高低。所以，這種不甘心安息的「惡」，一直在亭納及其兒子身上發酵。

同時，它在婚姻上必然帶來極端的混亂。容許第三者介入婚姻關係，以及不管是亂倫的關係，還是同性戀，乃是聖經上最忌諱的性汙穢關係。亞瑪力代表不折不扣的性混亂，才惹來了耶和華的咒詛，世世代代要與之爭戰。

這進一步爲我們顯明了神的婚姻法則：男女有別，一男一女的原則是不可改變的。「亞瑪力」的意思是「山谷中的居民」，可想而知，山谷兩邊的山是分開的，代表一夫一妻的聖潔；而住在山谷裡面的人代表性愛的混雜，這也是「亭納」一名，會男女不分混在一起的原因。

至此，我們也可以進一步理解，爲什麼伊甸園的分別善惡樹吃了非死不可？因爲一方面，它代表人與神、人與人之間，都有一個陰陽必須相交的問題存在；另一方面，這種相交又不能善惡不分。若潔淨和不潔淨彼此混在一起的話，那就會步亞瑪力人的後塵，成爲耶和華塗抹的對象。

聖經指出，貪愛不義之財的先知巴蘭，曾經發預言說：「亞瑪力原爲諸國之首。」可見一個與耶和華爲敵，混亂透頂的人，可以是一個被世人視爲成功的偶像級人物，而犯淫亂之罪的人，通常會與貪愛不義之財掛鉤，此一本性難以改變。

物理的熱力定律告訴我們，熵代表混亂，當熵值達到頂點的時候，整個世界就會混亂到不可收拾的地步。這也是分別善惡樹所象徵的含

義。

「耶和華已經起了誓，必世世代代和亞瑪力人爭戰。我要將亞瑪力的名號從天下全然塗抹。」從婚姻的角度而言，它所要表達的意思是，神要世世代代與所謂的「小三」爭戰，看到「亂來」問題的嚴重性了吧？

而且，聖經還讓我們看到，當約書亞在山下與亞瑪力人爭戰時，摩西、亞倫，戶珥都上了山頂禱告。摩西何時舉手，以色列人就得勝，何時垂手，亞瑪力人就得勝。當摩西的手發沉，他們就搬石頭來，放在他以下，他就坐在上面。亞倫與戶珥扶著他的手，一個在這邊，一個在那邊，他的手就穩住，直到日落的時候。約書亞用刀殺了亞瑪力王和他的百姓。

可見，神的百姓與代表性混亂的亞瑪力人爭戰，要取得最後的勝利不是一件容易的事。因為，歷世歷代以來，不管上從皇親國戚，下至平民百姓，都受到性試探，能坐懷不亂的人有幾個？

聖經《以斯貼記》中提到，要把以色列人趕盡殺絕的哈曼，出身於亞甲族，就是亞瑪力王的後裔。「亞甲」一名的意思是「我會在萬人之上」，一看就知道其靈魂體叛逆的狀況，已經囂張到什麼樣的程度。

哈曼死後，掛在自己所釘的木頭架上，他的十個兒子，同樣死後也都被掛在木頭架上。這意味著，由不潔、混雜的性關係引發出來的「導火線」，牽連到其他方方面面問題的爆發，不管是有意還是無知，深受其害的不計其數。

二、耶穌怎麼說？

1、基督徒能離婚嗎？

前面說過，行割禮這件事，是與性行為連在一起的。從這個角度而言，舊約時代強調的是從外面行割禮，而來到了新約的時代，則強調在心裡面行割禮更重要。一般而言，新約所設定的標準和要求都比舊約更高。

由此，耶穌才說了這樣的話：「你們聽見有話說，不可姦淫。只是我告訴你們，凡看見婦女就動淫念的，這人心裡已經與他犯姦淫了。」照耶穌所設立的標準，若人起了淫亂之心，就已經「中招」，不必等到身體犯姦淫的人證、物證擺在眼前才算數。這樣高的標準誰能受得了、守得住呢？

我們看到，剛才提到的那節聖經，出自《馬太福音》第 5 章，這一章是講所謂耶穌的「登山寶訓」，裡面講的都是高不可及的道德標準，一般人都上不了這樣高的「山」。但這不意味著人上不了的山，神就會遷就人的意思把「山」削掉一些降下來。

現在，正處在人類即將進入千禧年的前夕，神整頓地球人口，提高人類品質的節骨眼上。人如果不想一早就被淘汰出局，在性行為上必須有所檢點，千萬不能讓「小三」介入，那是絕對跑不了的事。

在基督徒的婚姻觀裡面，大多認為信徒不能離婚，可是現在似乎離婚的人越來越多，這事應該怎麼看呢？

在聖經的馬太福音中，耶穌說了這樣的話：「神配合的，人不可分開。我告訴你們，凡休妻另娶的，若不是為淫亂的緣故，就是犯姦淫了；有人娶那被休的婦人，也是犯姦淫了。」

不少人根據這一段話，就說基督徒不能離婚，因為，這些人把耶穌所說的「分開」，當成是離婚的代名詞。

在這段話中，最重要的是「配合」這兩個字，它在聖經中只出現過兩次，帶有「以軛相連」的意思。也就是說，夫妻兩個人是被神用同一個軛綁在一起的。除非其中的一個人，犯了與第三者發生姦淫的罪，這個「軛」就不可能被拿掉。

所以，接下來說到所謂的「淫亂」罪，實際上是指「通姦」，明顯與肉體上的罪連在一起。它和保羅所指出的，「人所犯的，無論什麼罪，都在身子以外，惟有行淫的，是得罪自己的身子」，實際上是同樣的意思。可是，並沒有多少人真的明白這句話，其中帶有與生死息息相關的分量。

聖經上對「罪」所下的定義，是「射不中靶心」，這與人對離婚的「誤解」，大概差不了多少。說白了，保羅所講的話，簡單扼要的意思是說，發生了不正當的性關係，就相當於犯死罪。

也許，有人會說，看看現在周圍的人，犯了如此死罪的人比比皆是，哪見到有一個死的？當初，在伊甸園裡，當神警告亞當不要吃禁果，

否則必定死時，不是也有人反問說，後來他吃了，不是還生龍活虎嗎，哪見死？

實際上，這裡所說的「死」，既是指著肉體的死，又是指著靈魂的死。肉體的死是有定數的，而靈魂的死則意味著與永生脫軌。

吃禁果所代表的發生不正當的性關係，在世之時它所帶來的，身體上的虧損、事業上的失敗、精神上的痛苦、恐懼、煩惱，與死並沒有多大的差別。何況，死後靈魂落到陰間，還有地獄不滅的火，不死的蟲在等著呢。

2、耶穌與井邊的女人

在聖經的《約翰福音》第四章中，記載了耶穌到了撒瑪利亞的敘加，在井邊跟一個女人講了好一陣的話，接下來又在敘加連續住了兩天才走。這件事，看似簡單，其實卻一點都不簡單。

在耶穌與井邊女人的對話中，裡面有一個關鍵性的詞語叫「丈夫」。耶穌叫她把自己的丈夫也叫來，她說自己現在沒丈夫；耶穌說：「你說沒有丈夫是不錯的。你已經有五個丈夫，你現在有的並不是你的丈夫。你這話是真的。」

聽了這樣的對話，你是否覺得有點摸不到頭腦的味道，為什麼耶穌要明知故問？

這就牽連到，如何對「丈夫」下定義的問題。從神的婚姻法則來看，一個女人一旦與一個男人發生了性關係，他就是這個女人的「丈夫」，不管有沒有結婚證。這個井邊女人有過五個丈夫，意味著她曾經與五個男人有過性關係。不管後來這五個男人是死了，還是因性行為不正，而被這女人「休」了。

而且，在男人被「離婚」之後，從此這女人與他們之間的任何一個，不能再發生性關係。這是由潔淨的性關係原則界定的，不管人信不信，服不服。所以，耶穌才認同她所說的話是不錯的。

但是，當她說自己現在沒丈夫，耶穌又說，「你現在有的並不是你的丈夫。你這話是真的」，又當如何理解呢？

其實，說起來並不複雜，現在有一個男人，正在與她交往，甚至於就住在她的家，但她並沒有與他發生性關係，所以就不是她的丈夫。這個階段，相當於人的「訂婚」觀察期，什麼時候若她與他發生性關係，他就算是「丈夫」了。

有的人聽後可能又會跳起來：一個男的與一個女的，無論白天黑夜都住在一起，怎麼可能不發生性關係？

是的，照著人的想法，一個女的和一個男的住在一起，怎麼可能不來電，最後受不了情欲的挑撥，而衝動發生性關係？但是，一發生性關係，那男的就成了不能「退貨」的丈夫。這正是考驗身邊的情人，靠不靠譜的關鍵時刻。

那麼，這個井邊女人，就不擔心受到壞人的欺騙或強暴嗎？照著吸引

法則，什麼樣的生命就會碰到什麼樣的人。萬一「撞到」了一個不如意的「丈夫」，那無非說明自己的生命還不夠成熟，兩個人都必須一起面對自己的生命功課，接過來好好學習，直到畢業之日是了。

換句話說，如果你被對方牽引，對之產生了感情，並與之發生了性關係，那就生米煮成熟飯，接受對方成爲你的配偶，不要再想入非非。把自己迫到沒有其他選擇的位置，是面對現實徹底解決問題的起步。這也是，今天不少男男女女正在走的路，只是不知道這條路該如何走下去而已。

千萬記住，一旦進入了這樣的婚姻圈子，始終不能再與第三者發生性關係，這是一生幸福的保證、白頭偕老的關鍵。在婚姻的問題上，人倘若沒有了其他的選擇，就不得不面對現實，一切都變得簡單。再難解決的問題，一旦吃了定心丸，必將迎刃而解。

總而言之，這個井邊女人實際上並不是一個，過去人們所想的「壞女人」，而是一個潔身自好的女人，所以才會被耶穌特別選中成爲傳福音的使者。在猶太人的眼裡，對於邊緣人物的撒瑪利亞人根本不屑一顧，但在耶穌的眼裡，井邊女人卻是站在「守望塔」上，用誠實的心靈敬拜神的人。

耶穌用水作爲比喻生動地告訴我們，從人而來的所謂愛情是靠不住的，無法解決人心靈枯乾的問題。唯有與神聖潔的活水源頭接軌，才能讓人享受到大愛的強大能量，及它的甘甜滋味。

而且，我們還可以進一步思考，爲什麼耶穌會特別選擇在敘加住了兩天，第三天才走？而且，有許多人都在這幾天裡信了福音。

《聖經人地名意義彙編》一書指出，「敘加」與「示劍」可能是同一個地方。如此，當年因著雅各的女兒底拿，示劍城裡受割禮的人，最後都被雅各的兒子們給殺了。那麼，現在借著雅各井邊的潔淨婦人，把主的道傳給他們，讓以往的恩恩怨怨一筆勾銷，把榮耀全然歸還給神，豈不是應該的麼？

3、耶穌如何處理行淫的人

在《約翰福音》第八章中，提到猶太人抓到了一個正在行淫的婦女，把她送到耶穌的面前，試探他將如何處理。

聖經記載，耶穌卻彎著腰，用指頭在地上畫字。他們還是不住的問他，耶穌就直起腰來，對他們說：你們中間誰是沒有罪的，誰就可以先拿石頭打他。於是又彎著腰，用指頭在地上畫字。他們聽見這話，就從老到少，一個一個的都出去了，只剩下耶穌一人，還有那婦人仍然站在當中。耶穌就直起腰來，對他說：婦人，那些人在哪里呢？沒有人定你的罪嗎？她說：主啊，沒有。耶穌說：我也不定你的罪。去吧，從此不要再犯罪了！

不少人都很好奇，耶穌兩次在地上寫的是什麼字呢？這件事，實際上牽連到如何看待及處理離婚的問題。照猶太人的規矩，這個犯姦淫的女人是要被眾人用石頭打死的。

耶穌用指頭在地上畫字，他畫的是什麼字不重要，必須明白的是寫在地上的字，風一刮就沒了。這意味著人不能照著舊觀點，一成不變的

看問題。

原文字典指出，耶穌兩次在地上畫字，其中的「畫」含義有所不同。第一次的「畫」，其意思帶有讓人選擇或順或逆而行的自由；第二次的「畫」則沒有，順者昌，逆者亡。

由此而來，可以說是耶穌先讓眾人認識到，每個人都不是什麼好東西，從而救了這本來該死的女人一命。因為，今天她死，明天你、我都得死，一個樣，為什麼不為自己留一條生路呢？

而耶穌第二次順者昌，逆者亡的「畫」，是乾脆俐落地告訴這個女人，除了「從此不要再犯罪了」，她沒有其他的路可走。

換言之，耶穌不是輕描淡寫的說了這麼一句話而已。祂是說，往後神的要求更嚴格，「見了女人心裡動淫念的」的，就算「中招」。任何一方若犯淫亂就應該脫離混亂的性關係，或說「離婚」；離婚後再發生不當性關係的話，就沒救了。

最後，講一下，怎樣理解耶穌如此說過的的話：「人從死裡復活，也不娶也不嫁，乃像天上的使者一樣。」

根據這一句話，不少人斷定，在天上不可能有婚姻的存在。但有一位活在兩百多年前，名叫史威登堡的神學家，他經常在靈界和天堂裡行走，卻告訴我們說，他在天上就參加過婚禮。

那麼，到底該如何理解「不娶不嫁」的含義呢？可以簡單的這麼說，如果在天上有嫁娶的話，它跟地上娶嫁之目的及意義並不一樣。因

爲，地上的又娶又嫁，其最大目的是爲了傳宗接代；而天上若照樣可以又娶又嫁的話，卻不可能會生下孩子，從而就砍斷了新生人類，爲下一代保有「自留地」的機會。

借著千禧年大環境翻天覆地的變化，地球人的婚姻觀相信也必將發生巨大的突變。隨著對聖經越來越深刻的認識和領會，神的道是千眞萬確的，這是人類讓地球文明不斷升級的可靠保證。

三、保羅怎麼講？

1、身體的罪與夫妻關係

保羅是耶穌親自揀選的僕人，聖經中 13 卷書都是他寫的。他在《哥林多前書》第六、七章所講的，大部分都是針對著「性愛」此一話題而言。

特別是，他所說的「人所犯的，無論甚麼罪，都在身子以外，惟有行淫的，是得罪自己的身子」，更是打開他論及婚姻奧祕之門的「鑰匙」。保羅說的這句話，很多人都聽過，並不覺得它有什麼特別之處。

人們常常以爲，離婚的原因是因爲夫妻之間談不到一起，這當然並非沒有道理。但是，由於彼此的性生活斷絕了，從而造成撒但有機可乘，把人引向身體犯罪，這才是保羅要強調的重點。

因爲，「身子」是中性的，一旦人選擇把淫亂的「病毒」放到其裡面，必定「中招」。換言之，若人的身體犯了罪，也就是與不當的人發生了性關係，那麼，就像人跳進黃河洗不清，照著神的婚姻之律，可以判當事者死刑。

保羅還說：「人要離開父母，與妻子連合，二人成爲一體。這是極大的奧祕。」這裡，他所說的「人要離開父母」，其中的「父母」到底指

誰呢？亞當和夏娃是神所造的，如果把這裡的「父母」當神理解的話，暗示說神早就預料人會離開祂，走上死亡之路，恰如後來在伊甸園發生人偷吃禁果的事件；

而若把「父母」當成在人間的父母，那意味著人最後將脫離舊有的血緣關係，回歸伊甸園，重新恢復人類始祖墮落之前的光景。

這乃是聖經從頭到尾，要傳遞給人類的「好消息」。因為，「報好消息、使新鮮」乃是聖經中「肉體」一詞的詞根。說明所謂的傳福音，就是向人報告肉體可以重生的好消息。

神已經借著耶穌的救贖，為人類開闢了重歸伊甸園的陽關大道，這就是基督徒一直向人們，所傳之永生福音的實質。

在夫妻兩個人之外，不能有第三者的介入。若人能深刻的認識，並遵行這個教導，那將會活在自由、幸福的永生之中。

而且，保羅所提到的「離開」，也跟耶穌所說「離開」一樣，並非對著「離婚」而言。它乃是指夫妻之間因為彼此反目，不再有性生活的接觸，從而給撒但留下了機會。

不論把任何一方拉下水，只要使之犯下身體不潔淨的罪，撒但之目的就能得逞。因為信徒是神的殿，一旦它破壞了神的殿，人還能做什麼？

保羅說：「妻子沒有權柄主張自己的身子，乃在丈夫；丈夫也沒有權柄主張自己的身子，乃在妻子。」這話背後是指，彼此不「來電」的夫

妻，性生活處於「擱淺」的狀況，如果長期這樣發展下去，「熄火」是遲早會發生的問題。

在這種情況下，不論是丈夫，還是妻子，如果有任何一方主動提出性要求的話，另一方就必須聽從之，這就是「沒有權柄主張自己的身子」的意思。

往往，適當的性生活是一種潤滑劑，只要雙方的心態都能軟下來，通常都能借著性生活，逐漸改善僵持的局面。特別是，當你已經徹底死了心，沒有其它路可以選擇時，神的祝福勢必迅速臨到。

現在每個人的自由意志都那麼強，有誰願意先低頭？但要明白，「性」和「愛」不同船時，搭錯船「亂來」會要了自己的命。頭腦一清醒過來，沒了其他的選擇，夫妻關係就有重新調整，甚至於「掉頭」的可能。

唯一的前提是，得把此事當真。而且，在對方還沒有發生淫亂行為的前提下，自己有「好馬願吃回頭草」的悔改意願，就一切都不成問題。倘若任何一方，不幸上了不正當性關係的「賊船」，那就得按生死之律判決，像姦汙了底拿的示劍一樣，千方百計想板回敗局，也不頂用。

保羅所說的，「若是離開不可再嫁，或是仍同丈夫和好」，到底是什麼意思？是不是說離婚的人不可以再嫁人，只剩下和原來的配偶復婚一條路可走？

照聖經原文的意思，「不可再嫁」是指「留在原地守獨身」；而「和

好」帶有「改變」的意思。

換言之，整一句話的意思是說，若離婚後守獨身，在沒有與任何第三者發生性關係的前提下，可以回到原來配偶的身邊，彼此改變不來電的性關係。否則，若任何一方選擇和別人發生性關係，這兩個人往後就再沒有戲可唱了。

為什麼保羅要翻來覆去地強調，不要因著信不信的問題，就輕易的提出彼此分離？

保羅是怕他們忍受不了欲火攻心的折磨而身體犯罪，所以才拐彎抹角告訴信徒們，若是沾污了自己的身體，不僅是自己的配偶，甚至自己的兒女都會受牽連，一起跟著倒楣。

我們實在難以想像，在神的眼裡保持信徒身體的潔淨，是一件何等重要的事情。特別是當前性氾濫的階段，不論男女老少中招的人不計其數，不管你的配偶現在的信仰狀況如何，只要你還與之維持夫妻正常的性關係，記住雙方都千萬不能「亂來」，全家必蒙神極大的祝福。

保羅又說，「倘若那不信的人要離去，就由他離去吧。無論是弟兄，是姐妹，遇著這樣的事都不必拘束」，這又是什麼意思呢？

保羅所說的話，是告訴我們若任何一方還是執意要離婚的話，或者說對方已經跟第三者發生了性關係，那就由之去吧，你可以當作給了對方一紙「休書」，就算了事。

舊約時代的「休書」，與現在我們講的「離婚證」，嚴格來說，並不

一樣。「休書」肯定與不當的性關係有關，一旦斷絕就不能再恢復；

而「離婚證」兩個人合不來，就可以去辦一個。但是，如果離婚後任何一方與第三者發生了性關係，就不可能有所謂「復婚」的可能；

因為，此時的性關係歸生死之律管，而處在合法性關係的前提下，它歸愛之律管。換言之，兩邊的「老闆」不一樣，人若清楚明白這一點，就什麼都好辦。

保羅所說的「遇著這樣的事都不必拘束」，這裡所謂的「拘束」，帶有「作奴僕」的意思。所以，對「離婚」這一件事，不管最後是離還是不離，保羅都希望我們不要作奴僕，被以往的固執觀念捆綁。守住人該守的聖潔底線，比什麼都重要。

相信，神要賜給我們的是平安的心，自由的喜樂和幸福。明察秋毫的神，不會冤枉人的一行一動，也不會虧待任何一個良心清澈的人。

做父母的，該不該讓自己的女兒出嫁？保羅就這件事作了一番比較後說：「這樣看來，叫自己的女兒出嫁是好，不叫他出嫁更是好」，保羅是在主張讓女兒守獨身嗎？

實際上，問題並不在於保羅是否主張守獨身，而在於不管人是否嫁娶，保持「處女」的品質，不要在性關係上犯錯，那才是最重要的。

從聖經的整體性出發，對於婚姻的看法，一直把「處女」放在一個十分重要的位置，最根本的原因，在於它和婚姻的純潔性緊密相連。

在《啓示錄》中，指出天上有十四萬四千人，都有神的名寫在額上。「這些人未曾沾染婦女，他們原是童身」，實際上也是在強調純潔身分的重要性。

2、《林前》與《林後》的不同

保羅在《哥林多前書》與《哥林多後書》中，都提到了與婚姻有關的問題，但兩者之間有所不同。就屬靈層次而言，《哥林多前書》偏向於對屬肉體的信徒而言；《哥林多後書》則對著靈命比較強的信徒說話。

保羅在《哥林多後書》中，對婚姻的問題說了這樣幾句話：你們和不信的原不相配，不要同負一軛。義和不義有什麼相交呢？光明和黑暗有什麼相通呢？基督和彼列（彼列就是撒但的別名）有什麼相和呢？信主的和不信主的有什麼相干？

在這一段話中，被大家引用最多的是下面這一句：「你們和不信的原不相配，不要同負一軛」，它幾乎成了不少基督徒談婚論嫁的座右銘，牧者更經常用這一節聖經，判斷一個信徒的婚姻狀況是否妥當。

有的人，甚至現身說法站在高處，對底下所謂不信的人說：「看，我要把你拉上來多不容易，而站在下面的你，輕輕一拉就把我拖下去。」這豈不是信的與不信的，兩個人不能同負一軛的最好示範嗎？所以，應該找一個相同信仰的結婚，才會順心如意。這是不少人的看法。

但是，如果查一下原文，可以發現事實並非完全如此。因為，在最後的「信主的和不信主的有什麼相干」一句中，其中的兩個「主」字，在原文中並不存在。

換言之，所謂的信與不信並非指是否信主，而是說從外面看來，兩個人都是信徒，但眞信與假信不一樣。結果，就因爲三觀不一樣，而形成不能同負一軛的局面，這才是這節經文要告訴我們的道理。

「基督和彼列（彼列就是撒但的別名）有什麼相和呢」？它乃指出撒但的別名「彼列」，意思是「沒有價值」，這暗示在神看來，不能和基督同負一軛的所謂信徒，不過是沒有價值的撒但同路人。

從這一個角度來看，不少人認爲婚姻是神所命定的，有著不可改變的重要性。應該說，這話落實到眞正與主同負一軛的人身上，才適用。

所以，我們不能片面、膚淺地理解所謂信與不信的問題。一個人信了主，不過是邁出了跟隨主走十字架道路的第一步，往後的路途還長得很，我們必須清楚地看到這一點。

在聖經中，耶穌把神的誡命歸納成兩條：「你要盡心、盡性、盡意、盡力愛主你的神，其次就是說，要愛人如己。再沒有比這兩條誡命更大的了。」

這裡所提及的「盡性」的「性」原文是個「魂」字。也就是說，所謂的性，實際上是對著人的魂而言，外在的性行爲，無非是裡面魂生命的表現而已。如果一個人的性行爲正派，特別是夫妻關係良好，其信仰基礎、道德品質必定不會差到哪里去。

希望，本主題中所談到的信息，能爲更多的人帶來一番反思，更客觀、深刻地認識有關愛情和婚姻的眞諦，讓人生活得越來越踏實、美滿、幸福。

第一部分　看聖經中與性愛有關的人事物

四、其他人怎麼看？

1、彼得

除了耶穌和保羅之外，新約聖經中對婚姻問題談得較多的，就要算彼得了。聖經的《彼得後書》，特別是它的第二章，有的聖經學者以為它是《猶大書》的翻版，因為，裡面有不少的內容大同小異。

實際上，這兩卷書之所以內容如此相似，無非神借此提醒我們，末世的特點就是性氾濫，男人與女人隨隨便便發生性關係。挪亞時代墮落天使與女人雜交的鏡頭，又一次在人間頻頻出現。重要的事情必有雙重見證，這兩卷內容類似的書卷，無非是一對末世的見證人。

值得一提的是，《彼得後書》的第 3 章。這一章的篇幅並不長，只有四段，但彼得卻接連四次，幾乎每一段都用「親愛的弟兄啊」起頭。然而，如果注意一下，就可以發現這個片語中的「弟兄」，在原文裡是沒有的。

這看起來似乎沒有什麼特別之處，但要知道，後人若想了解聖經的原意，只能從不加修改的原文去思考。幸好抄譯聖經的前輩，哪怕人的理性通不過，仍然忠於原文不去改動它，才留給了後人思考的餘地。

「弟兄」是基督徒自稱或互稱的名稱，帶有自己人的意思。現在，彼得把所有的「弟兄」都拿掉了，只剩下禮貌上客客氣氣的「親愛的」。

了──末日真相

這意味著，彼得知道到了末期的階段，「假弟兄」太多了，所以，特地提醒讀他書信的人，小心注意這樣的人。

彼得是憑著愛心說實話，但是，到了性氾濫的「黃河水」崩堤而出的時候，有多少「弟兄」會聽他的話呢？

並且，彼得最後還說了這樣的話：「就如我們所親愛的兄弟保羅，照著所賜給他的智慧寫了信給你們。他一切的信上也都是講論這事。信中有些難明白的，那無學問、不堅固的人強解，如強解別的經書一樣，就自取沉淪。」

彼得在這裡說的，保羅所寫的「一切的信上也都是講論這事」，到底是指著什麼事？那無非就是對著在末世的階段，有許多人都會落在色財兩空的試探中，無知或執迷不悟出不來而言。

特別值得一提的是，在最後彼得所說的這段話，「信中有些難明白的，那無學問、不堅固的人強解」，這短短不到 20 個字的片語中，原文裡就連續出現了三個，在整本聖經中都僅僅出現過一次的字。那就是「難明白、無學問、強解」，這是在聖經其他任何地方，未曾見過的。

也許，聖靈就是借著這樣一個特殊的方式，警誡活在末世的人，應該如何謹慎預防洶湧的「黃色」大洪水，不知不覺之中就把人吞沒。

《彼得前書》第 3 章第 7 節說：「你們作丈夫的，也要按情理（原文是知識）和妻子同住；因他比你軟弱（比你軟弱：原文作是軟弱的器皿），與你一同承受生命之恩的，所以要敬重他。這樣，便叫你們的禱

告沒有阻礙。」

這一段話，在原文裡，「按情理（原文是知識）和妻子同住」，這句話中的「妻子」並不存在；而「同住」是在聖經上只出現過一次的字。還有，「知識」實際上可以與「同房」拉上關係。

新約聖經「認識」第一次出現的經文，是說到耶穌的母親瑪利亞，在耶穌出生之前，並沒有與丈夫約瑟「同房」，這裡所用的「同房」，就是與「認識」同樣的一個詞。

由此可知，拿今天的話來說，這一個所謂的「妻子」，實際上不過是一個與「丈夫」同居的女人。然而，不管過去的歷史如何，只要她和現在同居的男人發生了性關係之後，不再與其他任何男人發生性關係，那麼，現在她的丈夫就得承認這個女人是他的「妻子」，也得承擔做丈夫的責任，包括性生活方面的合理要求。

這是按神的婚姻法則行事，不管兩個人的手中有沒有結婚證，反正一旦發生了性關係，生米煮成熟飯，那就得好好地合在一起過日子。
而且，這樣還算潔淨的性關係是蒙神悅納的，所以雙方發出的禱告，必蒙神的垂聽。

這處經文是特別為當今時代的人預備的，因為性生活太混亂了，若失去了起碼的「性德」標準，家敗人散是隨時隨地可見的事。

了──末日真相

2、羅得

彼得在《彼得後書》中，把羅得稱爲一個義人，並給了他相當正面的評價，但不少人從羅得在舊約中的所作所爲，實在看不出他怎麼夠格被稱爲義人，這事該怎麼看？

「羅得」一名的意思是「帕子、深色」。當摩西從山上下來時，以色列人害怕見到他臉上發出來的光，所以就用一塊帕子把臉遮蓋起來；但是，保羅卻解釋說，摩西不是害怕以色列人看見他臉上發的光，而是怕他臉上的光，像人臨死前的迴光返照一樣，很快就會消失，所以才防患於未然，先把臉上的光給遮蓋起來，讓人往後見不到光時，也就不會覺得奇怪。

同理，羅得臉上的帕子，一方面讓人覺得他是「假信徒」，從他的身上一點也看不見神閃閃發光的影子；而另一方面，是否在羅得身上隱藏著什麼深色的祕密，讓人見不到「廬山眞面目」呢？

下面，就讓我們把羅得這塊「帕子」揭開來，看看深色面紗的後面隱藏著什麼樣的奧祕。

首先，我們回到《創世紀》第 19 章。當時，要毀滅所多瑪的兩個天使住進了羅得家，晚上所多瑪城的人，都來圍住羅得的房子，要他交出那兩個天使任由他們亂來。羅得跟他們說：「我有兩個女兒，還是處女，容我領出來，任憑你們的心願而行。」從羅得親口說的話，我們知道，羅得的兩個女兒，「還是處女」。

然而，接下來我們又看到，兩個天使對羅得說：「你這裡還有什麼人嗎？無論是女婿是兒女，和這城中一切屬你的人，你都要將他們從這地方帶出去。」

讀了這兩處經文，你會不會覺得有點奇怪：羅得的女兒還是處女，那她們到底出嫁了沒有？如果沒有，羅得的女婿又從哪里來？

接下來的經文是說：「羅得就出去，告訴娶了【或作「將要娶」】他女兒的女婿們說：你們起來離開這地方，因為耶和華要毀滅這城。他女婿們卻以為他說的是戲言。」聖經的翻譯者，特地加上了【或作「將要娶」】這幾個字，大概也覺得這是個聖經難題，就留給後人去思考。

那麼，要怎樣才能破解這個難題？

其實，只要用聖經的婚姻原則，就能破解此一聖經難題。羅得的女兒們實際上是處於「訂婚」的階段，只要兩個人還沒有發生性關係，就不管領了多久的結婚證，都算是有名無實的「夫妻」關係而已。

可能，就是羅得在女兒們「訂婚」後的觀察期，發現所多瑪的「女婿」們不靠譜，所以一直不願意他們進入「洞房花燭夜」，以觀後來發展。這正是羅得被彼得稱為義人的原因所在：「因為那義人住在他們中間，看見聽見他們不法的事，他的義心就天天傷痛。」

怪不得，過去把羅得當「壞人」，是因為看不到他以靈魂為重，那才是一個義人該有的作為。如果我們戴著一副「墨鏡」看羅得，什麼時候才能明白彼得對他所下的結論？

了——末日真相

正因為羅得和他的女兒們，和所多瑪城裡面的「女婿們」不是同路人，所以他們才會把羅得說的話當戲言。

不要說，羅得的信仰根基太差，見證不夠力，所以他的女婿們才不信；而應該說，活在末世的信徒，就是因為你的見證是真實的，特別是在性方面願意持守聖潔的原則，所以那些喜歡虛假和亂來的人，才會一笑了之不認賬。

那麼，羅得的妻子又該怎麼看？

當天使領羅得一家從所多瑪城出來以後，就說：「逃命吧！不可回頭看，也不可在平原站住。要往山上逃跑，免得你被剿滅。」但是，後來羅得的妻子在後邊回頭一看，就變成了一根鹽柱。

從神的婚姻法則來看，羅得與他的妻子原來是如假包換的夫妻關係，但是，因為羅得的妻子留戀所多瑪城裡的一切，她的「回頭一看」，相當於用具體行動宣告和羅得離婚，並且和所多瑪結了婚。從此，羅得與她就沒有什麼瓜葛。

《路加福音》的第 17 章，最後說了這樣一句話：「屍首在哪里，鷹也必聚在那裡。」這句話中的「屍首」，在原文中是「身體」。也就是說，它是針對末日的階段，許多人的身體因為性犯罪，實際上已經淪落成「屍體」說的。可見末後性氾濫問題的嚴重性。

前面說過，當所多瑪城的人，在晚上圍攻羅得的住家，要他交出那兩個天使任由他們亂來時，羅得跟他們說：「我有兩個女兒，還是處女，容我領出來，任憑你們的心願而行。」

想一想，如果那天晚上，眞的如羅得所說，他的兩個女兒任憑所多瑪人胡亂非爲，那麼，接下來羅得還可能在山洞裡，與他的兩個女兒發生亂倫的性關係嗎？

答案應該是：不可能。

因爲，神的婚姻法則，最看重的是實際的性關係到底如何。如果羅得的兩個女兒在那天晚上失身，那麼，就算在山洞裡，羅得的女兒想出一百個理由，說地上的人都死光了，唯有這個辦法才能爲人類存留後代；也不管羅得是在清醒的狀況下，還是被酒灌醉到天昏地暗，不省人事的地步，亂倫的事件都不可能發生。

因爲，它不符合神的婚姻之律，就不可能逆天律而行。想一想，倘若羅得與不潔淨的女兒發生了性關係，那麼，生下來的後裔，就會成爲不潔淨的族類，永遠被棄絕於神的救恩大門之外。

神若容許羅得與他的女兒發生亂倫的性關係，是有一定條件的。那就是羅得的女兒們的身體是潔淨的；同時，羅得是在被灌醉的情況下，也就是並非明知故犯亂倫之罪，事情才得以成立。

同理，猶大也是在不知情的情況下，與他瑪發生亂倫的性關係的。而且，當他明白了事實眞相之後，就從此再也沒有跟他瑪發生性關係。這都是神確認每一件事的後面，到底人的動機如何，才容許發生的事。

而且，公義的神也並非對這樣亂倫的事就不予追究，由羅得和兩個女兒所生的摩押及亞們人的後裔，被命定要直到第十代，才能加入耶和

華的會。

《申命記》第 23 章第 2-3 節說到：「私生子不可入耶和華的會；他的子孫，直到十代，也不可入耶和華的會。亞捫人或是摩押人不可入耶和華的會；他們的子孫，雖過十代，也永不可入耶和華的會。」

有的人說，這是指永遠不得入會；也有的人說，是到了第十代就可以入會，到底該聽誰呢？

實際上，這段經文的內在含義，是指到了他們的第十代，尋求耶和華成為自己避難所時，就得以入耶和華的會。

請看《路得記》中的波阿斯與路得，一個的祖先是來自猶大與兒媳婦亂倫而出的私生子；一個的祖先是來自羅得與女兒亂倫而出的摩押人，本來都無法進入耶和華的會。

但是，從猶大和他瑪的私生子法勒斯到耶穌家譜的大衛，剛好是第十代；從與亞伯拉罕對應的羅得，算到耶穌家譜中與波阿斯對應的路得，同樣也是第十代，由此，恰好應證了神在聖經上所設定的原則，是到了第十代就可入會。

由於路得主動從摩押地，跟隨婆婆回到猶太地，尋求耶和華的救恩，最後波阿斯與路得的美好結合，成就了神的應許，名字被記在耶穌家譜上，相當於私生子和摩押人的後裔，都蒙了神的恩典進了耶和華的會。

這些就是借著揭開了羅得的「帕子」，讓我們看到了許多過去沒有看

見、想到的東西。

3、參孫

在《希伯來書》第 11 章中，作者列了一個信心的英雄排行榜，裡面說：「我又何必再說呢？若要一一細說，基甸、巴拉、參孫、耶弗他、大衛、撒母耳，和眾先知的事，時候就不夠了。」

看了這個英雄榜，其他的人不必說，但參孫這個人，是一個在性關係上不乾淨的人，怎麼他的名字也能上榜？這是一個叫人不容易轉過來的彎。

首先得承認，參孫這個人，的確是一個性行為不靠譜的人，在與他所喜愛的女人大利拉發生性關係之前，參孫到了迦薩，在那裡看見一個妓女，就與他親近。這已經為參孫往後的人生遭遇畫下了句號。

所以，不要以為，嫖妓是一件可有可無不打緊的事，一旦捲進去了，就是一個抹不掉的道德汙點，虧大了。

那大利拉呢？「大利拉」一名的意思是「裝憔悴形引人生戀」，所謂英雄難過美人關，參孫碰到了如此的「病西施」，頻頻中招是早在預料中的事。

據《漢典大全》所言，「色」字是刀下一個「巴」字，而這「巴」是「大蛇」的意思。可想而知，參孫相當於懷裡抱著一條大蛇，當大利

拉見錢眼開，刀下不留情的時候，參孫還有命嗎？

值得一提的是，參孫從小是個拿細耳人，他留的頭髮象徵對神的順服，所以只要此一順服的火種不滅，信心之火總有複燃的時刻。果真，後來他被非利士人抓去，挖掉雙眼之後，因為頭髮又長出來了，所以臨死之時，一次用柱撞死的敵人比生前打死的還多。

說到拿細耳人，他們有三大規矩不能犯，除了留長頭髮之外，還不能碰與葡萄有關的東西，比如酒、葡萄汁、葡萄乾等等。以及，不可挨近死屍。但在參孫身上，所有的規矩他都犯遍。

原來，參孫在亭拿葡萄園裡，早就從死獅的口裡掏蜂蜜吃，一下子兩道規矩都破了。有意思的是，大利拉所住的地方叫「梭烈穀」，意思是「優良的葡萄樹」，參孫又是在這裡被抓而最後丟掉生命的。這些都說明參孫之死，與犯了拿細耳人的三大規矩有關。特別是，一旦犯了淫亂罪，就相當於直接碰死屍，沒有什麼好說的。

從參孫的身上，我們認識到，神看中的是一個人最後對神的順服，悔改之心必須隨伴著實際行動才算數。所以，踐踏了拿細耳人所有規矩的參孫，看起來似乎是一個十惡不赦的人，但最後卻名列《希伯來書》的信心偉人英雄榜。

這無非暗示我們，這個所謂的信心英雄榜，實際上是一個神的恩典榜，哪怕是像參孫這樣的人，只要最後回頭是岸接受神的恩典，相當於與過去一起鬼混的女人，一刀兩斷「離婚」切割任何不潔的性關係，從此就可以浴火重生，成為一個不會被扔進火湖的義人。

參孫不過是許多人的一面鏡子，因爲我們都比他好不了多少。眞正的信心乃是出自人內心的反省，認識到自己身上的假，而願意用實際行動把之清除出去而已。

《約翰一書》中所提到的「肉體的情欲，眼目的情欲，並今生的驕傲」等三大試探，都可以與拿細耳人的三大規矩掛鉤。它們有彼此相通之處。

這三大試探是對著人的體、魂、靈而言，它把「肉體的情欲」放在第一位，就是爲了提醒我們，認識性關係的生死之律是何等重要；而拿細耳人反過來，把與死屍接觸放在三大規矩的最後。它們一前一後互相呼應，告訴我們對肉體的情欲這一道試探，千萬不能等閒視之。

在保羅所說的「信望愛」中，愛是居中永存的，比什麼都重要，因爲其實質就是神生命的核心。性關係之所以極其重要，是因爲它牽連到人生死存亡的問題，步步有法、有律要遵行，絕對不容許人「亂來」。

「信望愛」三者之間的關係，信和望是爲了讓人能夠不斷地接近神的大愛，而性關係好比是通向神之大愛的一道橋。倘若這一道橋因爲不潔而垮了，那就一切的事情都被卡。

4、何西阿

相信，不少人在看《何西阿書》時，心中會有一個問題難以解開，神

怎麼能叫一位先知去娶一個妓女為妻呢？而且，還與之生了孩子。

「何西阿」一名的意思是「拯救、釋放，主的幫助」，它與帶領以色列人進迦南的「約書亞」，兩個人的名字是一樣的。「何西阿」的父親叫「備利」，意思是「耶和華的井」，這意味著，在何西阿這個人的身上，明明有著神的旨意，但像井裡面的水，人不容易從外面看出來。

耶和華叫何西阿去娶一個妓女叫歌篾，意思是「終結」；她的父親名字叫「滴拉音」，意思是「兩塊糕」。兩者合在一起告訴我們，何西阿娶妓女為妻的時候，是一個時代的終結，其時代特點是「性」和「愛」就像「兩塊糕」，粘粘膩膩地貼在一塊，人們看不到其中的真相，即使要擘也擘不開。

這正是當前人類所處的時間段。前面一直強調，性和愛必須分開，徹底弄清楚彼此之間的關係，末世的重頭戲就落在最後的這一幕。

在《何西阿書》的第一章，有兩次提到歌篾兩次為自己的孩子起名，女兒叫「羅路哈瑪」，意思是「不蒙憐憫」；兒子叫「羅阿米」，意思是「非我民」。

照譯文所言，這兩次的提名都與「耶和華說」有關，似乎這是出自神。但是，其實原文中，並沒有「耶和華」幾個字，說明這兩個孩子的名字，乃是由其母親憑著自己的想法起的。

換言之，不是神不憐憫人，或掉頭不認你「非我民」，而是人一旦先入為主這樣想的話，還有什麼其他的理由好說呢？

這暗示我們，在末後接近終結的階段，人是何等容易落在動不動就曲解、誤解神之心意的陷阱中。所以，蒙神「拯救、釋放」的前提，是必須求「主的幫助」，讓我們從混亂的心思意念中走出來。

如上所說，「羅路哈瑪」——「不蒙憐憫」，及「羅阿米」——「非我民」兩個名字，實際上都不是神起的名字，而是人曲解、誤解而出的名字，那麼，這和我們要認識神的婚姻法則，彼此有什麼聯繫呢？

要知道，歌篾原來是一個妓女，何西阿娶她，相當於歌篾正式和原來的淫亂生涯離了婚，她和何西阿生了長子耶斯列，此名是耶和華親自叫何西亞起的，意思是「神栽種的」。

在歌篾的身上，有神的性和愛兩個不同的律在運行：從妓女的身分而言，她犯了淫亂罪，那是非死不可的死罪；因著神的恩典，讓她「離婚」了，從而獲得新生，進入了愛之律，並生了一個兒子，得到了「神栽種的」恩典。

然而，因為她不明白，只要她和何西阿維持正常的性關係，她所生的孩子，都是神所栽種的，必蒙神的憐憫和悅納。所以，她才給後來的兩個孩子起了「羅路哈瑪」——「不蒙憐憫」，及「羅阿米」——「非我民」兩個名字。

原來，保羅在《哥林多前書》說的話：「妻子有不信的丈夫，丈夫也情願和他同住，他就不要離棄丈夫。因為不信的丈夫就因著妻子成了聖潔，並且不信的妻子就因著丈夫成了聖潔；不然，你們的兒女就不潔淨，但如今他們是聖潔的了」，就是指著這種情形說的。無論是舊約，還是新約，神的婚姻法則都是放之四海而皆準的。

而且，還可以發現，到了《何西阿書》第三章，神叫何西阿「你再去愛一個淫婦，就是他情人所愛的；好像以色列人，雖然偏向別神，喜愛葡萄餅，耶和華還是愛他們。我便用銀子十五舍客勒，大麥一賀梅珥半，買他歸我。我對他說：「你當多日為我獨居，不可行淫，不可歸別人為妻，我向你也必這樣。」

聖經《新譯本》把最後這句話翻譯得更加簡單易懂：「你要給我獨居多日，不要行淫，不要有別的男人，我也必不與你同房。」

換言之，他和她建立了愛的關係，卻和性關係沒有關。再一次，我們可以看到愛和性不是一碼事。神這一次讓何西亞用無條件的愛對待這個淫婦，卻沒有容許他與之發生性關係。

在聖經上，一直用女人代表所有的人類，所以，不管她是誰，整卷《何西阿書》的宗旨，是指出末世的人類，就像時時處處可見的淫婦一樣，神的心意就是要人悔改，趕快與各色各樣的妓女或淫婦「離婚」，回歸到愛她的丈夫身邊。神所栽種的，祂會施恩典讓之成長、成熟，直到收割的節期到來。

數字 28 是一個極其難得一見的完全數，所以，對數字 28 要特別留意。《何西阿書》排在聖經第 28 卷的位置；以及，聖經中有兩卷書都是 28 章，一卷是《馬太福音》，耶穌把道說到山上去；另外一卷是《使徒行傳》，聖靈把火澆灌到信徒的舌頭上。這三卷書，都是末後的信徒必須好好認識的「完全數」。它們都帶有特別的意義。

何西阿與帶以色列人進迦南的約書亞同名，不管未來的日子，還有什麼天翻地覆的變數，靠著主的幫助，既明白耶穌在山上講的道，又得

到聖靈的澆灌和充滿，還有什麼能夠擋住人，進入前面輝煌的大同世界呢？

五、從大衛的身上看愛

有關婚姻的問題，如果在聖經中，要想找到一個最具代表性的人物，從中看到愛之淋漓盡致的展現，那麼，這個人就非大衛莫屬，他是一個家喻戶曉的聖經人物。

在大衛的一生中，有不少的女人、男人圍繞在他的身邊。大衛與掃羅，及其兩個女兒米甲和米拉，掃羅的兒子約拿單、及其瘸腿兒子米非波設的恩恩怨怨；以及對要殺父的兒子押沙龍的愛，都是引人深思的。值得我們探討大衛身上的愛，到底是怎麼一回事。

就數字而論，希伯來文的每一個字都可以用數字表達。希伯來文的第14個字母是「魚」的意思；而「大衛」一名的數碼恰好是 14，意思是「愛」。

換言之，大衛是一條與愛打交道的「魚」。中國文化中五經之首的易經，其最明顯的招牌標記是所謂的「陰陽魚」。作為「愛」的外在行為，最後跑不了要與陰陽兩性的交合連在一起。所以，大衛這一條「魚」，一生中與不少的女人打過交道，正好顯明他對性愛的豐富經歷，是其他人無法望其項背的。

然而，要如何看透大衛身上的「愛」之本質，卻不是一個簡單的問題。因為，在聖經原文中出現的「愛」，有著不同的原文號碼。一個的號碼是 157，它出自神無條件的大愛；

另一個號碼是 1730，乃出自人普遍性的親情私欲的愛。它在談情說愛的《雅歌》一書中出現的次數最多。簡而言之，大衛身上的「愛」，是出自號碼 1730 所指的愛，主要被定位在人之愛的範疇。

所以，值得注意的是，在聖經中大衛一直處於被愛的位置，都是女人、男人愛大衛，而不是大衛主動愛她（他）們。這意味著，大衛身上的愛，往往都是屬於人的小愛，無法滿足人饑渴的靈魂對神之大愛的需求；

而神借著大衛周圍的人，不管是死心塌地愛他的人，還是對他恨之入骨的人，把神的大愛不斷澆灌到大衛的身上，才使他在接受神的恩典之中，生命變得越來越成熟。

猶太卡巴拉對大衛出身背景的描述，與一般人所知道的有很大的不同。據說，他的父親是一位罕見的義人，因為懷疑自己生世的聖潔性，致使大衛的母親在蒙羞受辱的痛苦中，與深明大義的婢女「掉包」後生下大衛。他一出生之後，就飽受父親及家裡幾個哥哥的白眼。從兒時到少年，一直經受著異于常人的折磨和考驗，其艱難困苦之程度，幾乎到了匪夷所思的地步。直到 28 歲被撒母耳膏他為王之日，母子二人才算重見天日。

從大衛的身上，我們首先應該看到一點，如果他不是從小到大，一直在神磨練、雕塑他的手中翻滾，最後怎麼能夠成為一個合神心意的器皿？他所做的詩篇，大都是自己心聲不由自主的迴響。

1、看大衛的前兩個女人

怎麼樣用現代人的視野，或者我們正在探討的原則，來看待大衛的婚姻呢？

首先，從以色列人的第一位王掃羅說起。因為看到大衛是一個，將威脅到自己統治地位的人，掃羅王就想利用兩個女兒對大衛的愛作魚餌，讓大衛死在敵人的手裡。

結果，掃羅原來口頭承諾把大女兒米拉許配給大衛，後來卻變卦把之嫁給米何拉人亞得列；而小女兒米甲，掃羅則把之從大衛手裡，給了拉億的兒子帕鐵。後來，大衛又把她從帕鐵的手裡奪了回來。

因此，嚴格地說，掃羅的兩個女兒跟大衛不再有關係。因為，一個實際上大衛與之未曾發生性關係；另一個是大衛實際上已經與之「離婚」，再也沒有性關係的糾葛。

也許，你會問，上面不是說，當一個丈夫的妻子，與第三者發生了性關係時，他就不能再與妻子復婚嗎？大衛為什麼還要把已經跟帕貼發生性關係的米甲給接回來？

當大衛把約櫃接回耶路撒冷時，聖經《撒母耳記下》第 6 章記載了這樣一段話：掃羅的女兒米甲出來迎接他，說：「以色列王今日在臣僕的婢女眼前露體，如同一個輕賤人無恥露體一樣，有好大的榮耀啊！」

這段話是在暗示我們，大衛在把米甲接後來之後，並沒有跟對米甲發生性關係。所以，她才用「眼前露體、無恥露體」的字眼，來表達其內心對大衛的不滿。

要知道，大衛是用一百個非利士人的陽皮，作為聘禮交給掃羅的。陽皮代表行割禮的含義，在於必須遵行神的律而行，對付、除去自己的肉體情欲。

那怕大衛在接米甲回來之時，沒有想到自己無形中做了違背神婚姻之律的事，但是，只要人真的願意照著神的婚姻之律而行，祂必定會介入具體的生活圈子，讓你及時醒悟過來，此後的行為就會不一樣。

聖經上有個雙重見證的原則，在控制著重要之事的可信度。在大衛與米甲這件事上，也同樣如此。

《撒母耳記下》第 21 章講到，當時大衛主政時期國中發生了饑荒，這是因為掃羅在世失言虧待了基遍人引起，所以基遍人要求大衛必須交出掃羅的七個子孫，任由他們處理，才得以了結此事。

由此而來，當談到大衛把掃羅的七個兒孫交給基遍人處理時，經文是這樣說的：這七個人是「愛雅的女兒利斯巴給掃羅所生的兩個兒子亞摩尼、米非波設，和掃羅女兒米甲的姊姊給米何拉人巴西萊兒子亞得列所生的五個兒子，交在基遍人的手裡。基遍人就把他們，在耶和華面前，懸掛在山上，這七人就一同死亡」。

在聖經原文中，時不時就會出現所謂「旁注字」（Kethiv，原文編號是8675）的情形。也就是說，忠於聖經原文的抄寫文士，有時碰到有些

詞語，好像人的理性通不過，但為了讓後人作進一步的研究，就在旁邊加注，讓後人知道原文是怎麼講的，至於你要怎麼理解，見仁見智，不拘一格。

這時，我們就注意到，在《撒母耳記下》第 21 章第 9 節的經文裡，被懸卦在山上的是「七」個人。而這個「七」，恰好是一個「旁注字」。也就是說，原文指出它是 7 的倍數，即實際上不止 7 個人，而是14 個人。

若果真如此，那麼，這 14 個人是從哪里出來的呢？這時，我們又注意到原文裡，「米甲的姐姐」中的「姐姐」二字並不存在。也就是說，這裡指的是米甲本人，而不是她的姐姐米拉。換言之，這 14 個人裡面，有 5 個原來是米甲的兒子；而另外 5 個人才是米拉給米何拉人巴西萊兒子亞得列所生的五個兒子。

但是，《撒母耳記下》第 6 章第 23 節的經文，提到「米甲直到死日沒有生養兒女」，那麼，她的兒子又是從哪里出來的呢？再一查，又發現在這節裡面出現了「旁注字」。經過一番推敲之後，簡而言之，可以理解為米甲死前曾經有過兒子。而且，他們可能就是上面提到的被懸掛在山上的 5 個兒子。

如此一來，米甲所生的 5 個兒子，米拉所生的 5 個兒子，掃羅的妾利斯巴所生的 2 個兒子，再加上米拉的丈夫亞得列，米甲的丈夫帕貼，合起來不多不少，正好滿足了 14 個人的數目要求。而且，這些人都是掃羅的正式親屬，把他們懸掛在山上，恰好符合基遍人提出的要求。

也許，這樣由「旁注字」而來的推論，似乎有點不近人情。但想一

想，以往的封建王朝，皇帝對於犯死罪的重臣，動不動就連珠九族。那麼，不管怎麼說，大衛也是一個王，一個膽敢玷污君王妻子名、身的人，最後落了個罪有應得的下場，不是事出有因嗎？

終於明白了吧？掃羅的兩個女兒，米拉與大衛沒有發生性關係；米甲雖然曾經和大衛有過性行為，但離開帕鐵之後，大衛再也沒有與米甲發生過性關係，聖經才會「張冠李戴」，故意把她的名字戴到「姐姐」的頭上。

米甲後嫁的丈夫叫「帕鐵」，此名的意思是「神拯救」；他的父親叫「拉億」，此名的意思是「獅子」。

這暗示說，若不是神恩典的拯救，帕鐵與大衛的妻子發生性關係，把「綠帽」戴到王的頭上，早就像把命放在獅子口一樣；若大衛再與米甲發生性關係，如此違背神聖潔婚姻的原則，就無異於把自己也放在獅子口，豈不是自投羅網嗎？

只能說，我們以前都把性行為這事，看得太膚淺了。特別是對第三者介入的性關係，更熟視無睹，根本不把之當作一回事。現在每當想起來，就覺得渾身起了雞皮疙瘩，好像看見獅子張大口，魔鬼正張牙舞爪盯著每一個人。

掃羅的兩個女兒與大衛的關係，大女兒米拉，雖然口頭上與大衛有婚約，實際上並沒有發生性關係，也就是並非大衛的妻子；

小女兒米甲，曾經與大衛有過性關係，但後來卻與別人發生了性關係，哪怕大衛與米甲在名義上，仍然可以是夫妻關係，但實際上大衛

卻不能再與之發生性關係。否則，就讓第三者帕鐵的靈魂沾汙了自己，相當於亞當吃夏娃遞給他的「禁果」，無形中搬起石頭砸自己的腳。

可見，性關係是一個何等嚴肅的話題，一旦犯了身體不潔之罪，在神面前就失去了站立的根基。在婚姻的問題上，大衛所學習的功課比誰都多，體會也比任何人更深刻，這是我們從大衛的身上，所見到的最有益的啓示亮光。

2、看大衛在希伯侖的六個女人

聖經《撒母耳記下》第三章記載：大衛在希伯侖娶了六個妻子，每一個妻子都生了一個兒子。這些人的背景，有的交代得比較清楚，有的只是一名帶過而已。

第一個叫亞希暖，此名與以色列的第一個王掃羅的妻子同名。其實，她就是掃羅王的妻子。因爲按照以色列王的規矩，如果一個舊王死了，其妻子將歸屬於替代他的新王，如此一來，亞希暖原是掃羅的妻子，現在歸屬於大衛，從神的婚姻法則來看，大衛接受一個死了前夫的女人是合法的。

在《撒母耳記下》第十二章第 8 節，可以看到神借著先知拿單對大衛說：「我將你主人的家業賜給你，將你主人的妻交在你懷裡⋯⋯」可見，大衛的女人亞希暖，的確原來就是掃羅的妻子。

頗有意思的是，「亞希暖」一名的意思是「恩典、快樂的弟兄」；而她的父親的名字叫「亞希瑪斯」，意思是「憤怒的弟兄」。如果我們對照一下大衛和掃羅一生的所作所為，「亞希暖」對應於大衛，亞希瑪斯」對應於掃羅，正好是恰如其分的寫照。

大衛的第二個妻子亞比該，也是類似的情形。因為，她也是原來的丈夫死後，才嫁給大衛的。而且，照卡巴拉的說法，當亞比該第一次帶著許多食物前來犒勞大衛時，她已經預知自己最後會嫁給大衛，但卻暗示大衛不要著急，等丈夫拿八死了再說。而不久，拿八果然就被耶和華擊打而死。

「亞比該」一名的意思是「快樂之源或因」，她深明神的婚姻之律，如果她在愚頑的丈夫死前，就與大衛發生了性關係，那麼，就相當於先引爆，後面拔示巴踩到的「地雷」。如此，不僅會害了大衛，而且自己也會吃不完兜著走，苦頭和石頭都在後面等著呢。

她的確是一個才德的婦人。「亞比該」一名的數碼是 56，56=28X2，數字 28 是數學中難得一見的完全數。聖經評價說，她是一個聰明俊美的婦人，與雙重的完全數連在一起，難怪在大衛的一生中，她會帶給他莫大的祝福。

由此可見，無論是舊約還是新約，是過去的年代，還是當今的時代，冥冥之中神所設立的婚姻原則，都是不會改變其大愛之聖潔性，我們必須清楚地認識到這一點。

大衛的第三個女人叫瑪迦，第四個女人叫哈及，第五個女人叫亞比他，第六個妻子叫以格拉。這些人的背景，除了簡單提及每個人與其

兒子的名字之外，聖經並沒有多作介紹。

值得一提的是，在這六個女人裡面，實際上聖經並沒有把「妻子」的頭銜，都分配給每一個人，而僅僅把「大衛的妻」賜給「以格拉」一個人。

在《創世紀》中，提到照著神之形象及樣式而出的男男女女，是在第六天之末才在宇宙間亮相的，他（她）們就是《啓示錄》中所提到的144000個「童身」，把之理解爲「處女」也無妨。

排第六的「以格拉」，此名的意思是「少女」。她既是羔羊的「新娘」，又是羔羊的「妻」，兩者都出現在以格拉一個人的身上。

爲什麼聖經對「妻子」一名的使用，要求會如此嚴格呢？

不難明白，「大衛的妻」會出現在以格拉一個人身上，是爲了強調在神眼裡，唯有與任何人還沒有發生性關係的「少女」，或者說純潔無邪的「處女」，才眞正配得上「妻子」的稱號。

這也是我們一直強調的重中之重：性關係是考驗信仰道德的一塊試金石，一試就原形畢露。在聖經的婚姻概念中，通常「妻子」是對著第一次，與男人發生性關係的處女而言。而且，一當發生性關係之後，妻子就不能再跟其他任何人發生性關係。

在看過大衛的妻以格拉之後，現在回過頭來再看其他三個人。首先，我們看看大衛的第三個女人瑪迦，她是一個外邦王的女兒，押沙龍是她的兒子；而大衛的第四個女人叫哈及，亞多尼雅是她的兒子，這兩

個女人可能都不是以處女的身分嫁給大衛，所以，就無法成為「大衛的妻」。

大衛的第五個女人。她的名字叫「亞比他」，意思是「我父是露水」，而她的兒子叫「示法提雅」，此名的字意思是「耶和華已審判」，母子兩個人的名字合在一起，意味著在審判中經歷了耶和華的恩典。

因為，「亞比他」排在第 5 位，數字 5 既代表在審判中接受神的恩典，又代表恩賜。也許，這是為了讓我們明白，恩典和恩賜有著不同的含義，所以特別借著亞比他出來做見證。

最後，作一下小結吧。照現代人的觀點來看，大衛的第一、二位女人，不但是辦了合法的「離婚」手續，而且這一本離婚證，還蓋上了「永久生效」的印章，不必怕死人還能鬧上法庭「翻案」。

從人間法律的角度來說，有沒有結婚證或離婚證，這固然十分重要；但在神的眼裡看來，除了法律之外，更為重要的是，到底雙方的性關係是否聖潔，性生活是否正常，這才是神一直關注的實質問題。

有了離婚證，仍然與身體犯了不潔淨之罪的人藕斷絲連、糾纏不休，那麼，即使在人間法庭的案底不留痕跡，在「天庭」的記錄裡仍未消案；而沒有結婚證的人，若能潔身自好，良心不控告自己，比什麼都更重要、更頂用。

3、看大衛一生最深刻的教訓

大衛一生的經歷，爲愛的眞諦作了許多現身說法的詮釋，其中給不少人留下最深刻印象的，大概就是大衛與拔示巴之間的愛情故事。

拔示巴是烏利亞的妻子，大衛先與之發生了性關係，後來又設計讓烏利亞喪命於沙場，從而成了一宗讓人一想起來，就忿忿不平的事。天理何在，難道因爲大衛是個王，就可以如此胡作非爲嗎？

照卡巴拉的說法，其實拔示巴是神早就安排給大衛的，只不過是大衛太急了，趕在神的時間點之前就作了這事，造成此後禍事連連，吃盡了苦頭。

首先，我們看到，當拔示巴與大衛有染而受孕時，大衛派人把烏利亞從前線叫回來，原來的如意算盤是要「嫁禍於人」的花招，讓烏利亞回家與妻子一睡，就可以把有孩子的「黑鍋」，神不知鬼不覺地甩給他背。誰知，無論大衛耍了什麼鬼點子，烏利亞都寧願在王宮的外面將就過夜，說什麼也不肯回家。

如果我們好好想一想，這件事的後面，是否隱藏更深的奧祕呢？

你不覺得，烏利亞已經與妻子隔別了一段時間，從生死未卜的戰場上回來，於情於理回家過夜一點不離譜嗎？。何況是王親自下了「聖旨」，爲什麼他卻偏偏一而再、再而三，明目張膽地抗旨而行？這明顯就常理而言說不過去，我們就只有從神的婚姻法則找答案。

可想而知，這時的拔示巴已經跟大衛發生了性關係，如果烏利亞還與之上床的話，哪怕他是無知「受騙」的，卻已經犯了玷污王之女人的姦淫罪。而且，接下來若大衛又繼續跟拔示巴「動情」的話，那麼大家就都一起「中招」，等待著在神的審判台前聽從發落罷了。

是神憐憫了大衛，拔示巴及烏利亞，才讓如此惡性循環的事件不至於發生。因烏利亞後來遭暗算而慘死沙場，他既收拾了大衛和拔示巴肉體犯罪不潔的手尾，又讓自己能成為一名得勝的「旗手」，在耶穌家譜上占了特殊的位置。

在聖經《馬太福音》的耶穌家譜中，特別提到「大衛從烏利亞的妻子生所羅門」，而不是大衛的妻子生所羅門。這是因為，拔示巴是以處女的身分嫁給烏利亞，所以才能名副其實的成為「烏利亞的妻子」。神的婚姻法則命定，只有烏利亞配得稱拔示巴為自己的妻子，不管大衛的身分高出多少倍。

現在，清楚明白神婚姻法則的關鍵點了吧？神看中的是人對婚姻之聖潔性的認識，哪怕站在人間法律的位置來看，大衛後來與拔示巴的結合，在烏利亞死後是完全合法的。

但是，大衛已經在自己一生的檔案上，留下了一個抹不去的道德汙點。由此，才埋下往後兒子押沙龍造反，大衛家破國裂的悲慘事件，接二連三而來。

至此，我們才明白，為什麼在《啟示錄》中，耶穌會對以弗所教會說：「然而有一件事我要責備你，就是你已經離棄了你起初的愛。」因為，這句話中所說的「一件事」，在聖經原文中並不存在，也就是

說，起初的愛並非是輕描淡寫的「一件事」。

大衛違反了不能犯姦淫的聖潔原則，與拔示巴發生了不正當的性關係，即使死罪可免，卻活罪難逃，僅僅這一件事，給他後半生的日子，帶來了一大堆的後遺症，怎麼清理都無法收拾這個爛攤子的手尾。

同理，失去了第一次聖潔的愛，離婚、再婚、閃婚、試婚等等，就會接踵而來，把人陷進性犯罪的獸阱裡。

六、大衛的兒子及周圍的人

1、暗嫩

大衛在希伯崙生了六個兒子。暗嫩是大衛在希伯倫生的頭生子，照著排列的次序，相當於是處在「太子」的位置。

暗嫩很喜歡押沙龍的妹妹他瑪，千方百計想得到她，但他和他瑪發生性關係之後，為什麼「極其恨她，那恨她的心比先前愛她的心更甚」，有些人覺得想不通。

在聖經上有一個「各從其類」的法則，它裡面其實包含了兩個不一樣的規矩，一個帶有吸引法則的性質，也就是相同的生命會被吸引到一塊；而另一個法則是同一類的東西才能做對比，否則牛頭馬面不同類沒法相比。

在暗嫩和他瑪的事件上，恰好這兩個都碰上了。一方面，愛與恨是同一類的，所以它們可以相比。換句話說，這兩者就像一把天平的兩端，可以隨著籌碼的加減而變動，只是感情的表達不一樣，喜歡對方或多或少程度不同而已；

另一方面，當碰到愛和性不能放在一起相比的場合，這時，生死之間無法調和的矛盾就出現了。

了——末日真相

暗嫩和他瑪的事件，我們可以這樣簡單理解。歷來古今中外，都有不愛江山愛美人的傳說。照次序的安排，暗嫩相當於是皇太子，準備當大衛的接班人。但是，當他強暴他瑪之後，他的美夢就面對全部落空的威脅。就暗嫩當時所處的具體環境而言，容不得他既想要美人，又想要江山，兩者之間只能選一條路走。

如果他不愛江山愛美人，敢於承擔「丈夫」的角色，那他就會接納他瑪為妻，哪怕是生米煮成熟飯也無所謂，可能往後的夫妻生活會過得自由自在，平安幸福。

顯然，他還是覺得做太子得江山比較好。但是，一旦他作出如此的決定，由性關係所牽引的生死之律就發動了。結果，「恨她的心比先前愛她的心更甚」，無非顯明，當暗嫩決定拋棄他瑪，繼續圓其「太子夢」時，不必等到押沙龍兩年後伸出謀殺之手，他早已把絞索套在自己的脖子上。

要知道，「暗嫩」一名的意思是「忠心的、信實的、保護、向上帶」，沒有一點不是充滿著正能量。但是，這樣一個原來被眾人看好的大衛接班人，最後卻落到何等淒涼的下場。

這說明，「性」這一關，不管是帝王將相，還是販夫走卒，都不是輕輕鬆鬆就可以過得去。原來，暗嫩是信心滿滿，以為把他瑪輕易拿下，不過是小菜一碟，絕對不成什麼問題。

卻沒有想到，「他瑪」一名的意思是「棕櫚樹」，它在聖經中是得勝的象徵。所以，暗嫩遇見了他瑪，最後能占到什麼便宜？

聖經上還有一個人也叫他瑪，兩個人有相似之處，兩棵都是「棕櫚樹」。這另外一棵「棕櫚樹」是猶大的兒媳婦，她在猶大不知情的情況下，與他生下了一對雙胞胎，完成了為死去的丈夫「留後」的任務。本來，她這樣做是會被眾人用石頭打死的。然而，猶大親自承認他瑪比自己更像個義人，從而肯定了她成為棕櫚樹得勝的形象。

由此看來，不向暗嫩妥協的他瑪，在整個過程中一直勸告暗嫩不要「亂來」，是以另外一種方式，展現出她的「棕櫚樹」的得勝風格。

正因為如此。他瑪開始不願意與暗嫩苟合，但被強暴後，又深明婚姻之律，對暗嫩說：不要這樣！你趕出我去的這罪，比你才行的更重！但暗嫩不肯聽她的話，這樣一來，就徹底斷絕了暗嫩自己的生路。

退一步說，如果因為暗嫩力大，他瑪不管怎麼掙紮，最後還是脫離不了暗嫩性侵的話，照猶太人的律法，暗嫩要被石頭打死，而他瑪卻因為一心尋求自救而得以免死，這不也是一種得勝嗎？

以前人們總以為，多少卿卿我我的愛情故事，都是和羅曼蒂克連在一起，卻不知道，原來「愛」和「性」可以不是同路人。如果性關係毀在不潔之人的手裡，等待著人去跳的，就是前面一個個恨比愛更深的「黑洞」。

你想，像暗嫩這樣一個高傲不可一世的人，不管性侵得逞與否，他怎麼容得下，不聽從他擺佈的人，有存活的餘地和空間？從古到今的獨裁者，有哪一個不是這付德性？

從這裡，我們可以清楚地看到，在性關係方面不靠譜的人，在其他各

個方面也必定好不到哪里去。抓住「色」字看人，大概不會錯到哪里去。漢字的「色」字，上面是一把「刀」，下面的「巴」字是指「大蛇」，喜歡與「色」打交道的人，小心大蛇一伸頭張口，馬上就把人給吞了。

2、押沙龍和其他兒子

第二個兒子基利亞是亞比該生的，「基利亞」一名的意思是「如同其父」。亞比該的丈夫叫拿八，意思是「笨蛋」。因此，「如同其父」的基利亞，若帶著如同拿八一樣的「笨蛋」基因，那大衛可就慘了。

還好，《歷代志上》第 3 章，把基利亞改名為「但以利」，是「神之審判」的意思。實際上，它與大名鼎鼎的先知「但以理」同名。由此，大衛也順便沾了點「神之審判」的福氣，做錯事馬上就能改過來。

大衛的第三個兒子押沙龍。他的母親瑪迦是外邦王的女兒，嫁給大衛可能帶有政治聯婚的味道。聖經對大衛的幾個兒子的描述各不一樣。唯有押沙龍，光是《撒母耳記下》，就用了整整五章的篇幅，為我們詳細地介紹了押沙龍這個人的來龍去脈。

如何正確認識押沙龍這個人呢？在聖經上，為什麼要特別描述押沙龍的頭髮，說「他的頭髮甚重，每到年底剪髮一次；所剪下來的，按王的平稱一稱，重二百舍客勒」？

這是為押沙龍的一生作總結。「他的頭髮甚重」，指出他一生最重視的

是，來自上面的榮譽；「每到年底剪髮一次」是說，當走到人生結束的時刻，神才算總賬；「所剪下來的，按王的平稱一稱，重二百舍客勒」，是說從他身上刮下來的「污垢」，放在大衛的天平上一稱，足足有二百舍客勒的重量。

這裡值得注意的是，「舍客勒」既是一個錢財的計算單位，又帶有「懸而未決」的含義。它暗示說，押沙龍一生身上積壓了太多的髒東西，大衛也心知肚明，只是把問題懸掛著，盼望有朝一日他能悔改。

既然大衛早知道押沙龍的為人，為什麼當大衛聞知押沙龍的死訊時，會心裡傷慟到一個地步說：「我兒押沙龍啊！我兒，我兒押沙龍啊！我恨不得替你死，押沙龍啊，我兒！我兒！」短短的一節經文，就連續出現了五個「我兒」，可見悲切之情有多深。

聖經對此事，在《撒母耳記下》第 19 章說：眾民聽說王為他兒子憂愁，他們得勝的歡樂卻變成悲哀。那日眾民暗暗地進城，就如敗陣逃跑、慚愧的民一般。王蒙著臉，大聲哭號說：我兒押沙龍啊！押沙龍，我兒，我兒啊！

約押進去見王，說：你今日使你一切僕人臉面慚愧了！他們今日救了你的性命和你兒女妻妾的性命，你卻愛那恨你的人，恨那愛你的人。你今日明明地不以將帥、僕人為念。我今日看明，若押沙龍活著，我們都死亡，你就喜悅了。現在你當出去，安慰你僕人的心。我指著耶和華起誓：你若不出去，今夜必無一人與你同在一處；這禍患就比你從幼年到如今所遭的更甚！

幸好，哭得暈頭轉向的大衛聽了約押的話，馬上起來穩定人心，才扭

轉了整個垂危的局面。這說明，哪怕像大衛這樣明白神之旨意的人，只要讓人的親情之愛迷住心竅，就會看不清黑白是非。行公義、好憐憫是一把聖靈掌權的雙刃劍，忽略了任何一邊都無法進入神的大愛之中。

由此一來，我們可以看到約押帶給我們的雙重啓示。一方面，爲什麼約押要違背大衛的命令，非把押沙龍置於死地不可？「約押」一名的意思是「耶和華是他父親」。約押是大衛的舅舅，相當於父親的角色，本來應該爲大衛樹立正面形象的榜樣。

但是，約押這個人，事無論大小，時時處處爲自己打小算盤、留後路。當初他要盡心機想方設法把逃亡在外的押沙龍弄回國，就是看好他往後可能坐上大衛的王位，如此一來自己必有好處；但後來看到押沙龍不靠譜，就毫不留情地把他殺了。

再往後，約押看到所羅門對他不利，容不下自己，又把籌碼壓在造所羅門反的亞多尼雅身上。結果卻步步失算，最後落了個死在耶和華帳幕裡的下場，實在令人感歎不已。

另一方面約押又讓我們看到，是他在關鍵的時刻把大衛喚醒，從而挽救了大衛王國的命運。可見，神借著約押的所作所爲，把神的大愛無條件地不斷澆灌、充滿到大衛身上的恩典，不是一般人用親情之愛能看得清楚的。這也是大衛無法救其兒子押沙龍一命的眞正原因。

再談談，當押沙龍造反的時候，那時有一個叫亞希多弗的謀士，聖經說他「所出的主意好像人問神的話一樣；他昔日給大衛，今日給押沙龍所出的主意，都是這樣」。

爲什麼這樣一個人，後來押沙龍卻不聽從他的計謀，導致他自殺而死呢？

實際上，亞希多弗這個謀士是拔示巴的祖父，他是基羅人，「基羅」的意思是「放逐」，帶有被趕出的負面味道在其中。根據聖經原文第一次出現的原則，這個地名的詞根與挪亞出方舟之後，喝醉酒而赤身裸體的事件連在一起。

換言之，它與不潔的性關係有關。因爲，亞希多弗身爲拔示巴的祖父，不滿大衛不乾不淨，與自己的孫女發生了性關係，事後還一直耿耿於懷，想方設法要收拾大衛出氣。

所以，當押沙龍造反的時候，他以爲機會來了，高高興興地投到押沙龍的陣營，誰知最後卻碰了壁，導致自己最後悶悶不樂地自殺了事。聽起來，亞希多弗還滿有正義感。但爲什麼他起了個「愚笨的兄弟」的怪名字呢？

神爲他的一生作了客觀的蓋棺。從動機而言，他維持聖潔性行爲的品質，不愧是一個「弟兄」（基督徒常用的自稱或互稱）；但生命還不成熟，並不明白神的婚姻之律，並非他所想那般的簡單。

他的「愚笨」，原文字典用了另外的字眼——「沒泡透」加以表達，可謂畫龍點睛的神來一筆。由此，就得明白，人讀聖經，若一直照著字面的意思去理解，難免時常會碰壁。

聖經說亞希多弗「所出的主意好像人問神的話一樣」，不會是沒有理由的空穴來風。人們對像但以理、諸葛亮這樣像神一樣的「高人」，都十

分佩服及羨慕他們的高智商。

但卻少有人想到，其實高智商必須建立在正義感的根基上，得到來自神的智慧才有用。在亞希多弗的身上，存在著正義感的基因。但是，他卻無法看到與公義截然不同的自義，實際上是一把殺人不見血的刀，最後自己就只能屈死在它的刀刃上。

而人一聽說亞希多弗自殺了就直搖頭，說這樣的人肯定沒救。倘若說，連他這樣喜歡潔身自好的人，還存在「沒泡透」的毛病，誰能說，自己就在聖靈的活水中「泡透」了呢？所以，謙卑謹慎，絕對是使自以為義之人，最後脫離「愚笨」的良方。

押沙龍當時不聽從亞希多弗的計謀，反而聽從一個叫戶篩的話，實際上他是大衛派來臥底之人，到底又是怎麼一回事？

這就要從吸引法則的角度來找答案了。「戶篩」一名的意思是「匆忙」，也就是說，這樣一個匆忙出場的人，押沙龍會聽從他的話，而把向來言聽計從的亞希多弗放之一邊不用，這完全是出乎人意料之外的事。

然而，從神的角度來看，這卻完全合乎吸引法則運作之律。因為，神要讓押沙龍敗北，就會讓他碰到那些讓之走上失敗之路的人事物。戶篩的進場，亞希多弗的退場，無非就像戲臺上的演員，照著早已安排好的次序，各就各位按時上臺亮相罷了。

還有，四子亞多尼雅，從聖經對亞多尼雅的描述，可以看到他的性格與暗嫩相差不了多少。所以，最後會不知好歹，為了自立為王而自取

滅亡，是意料之中的事。

大衛的第五個兒子叫「示法提雅」，意思是「耶和華已審判」，前面講過了，母子兩個人的名字合在一起，意味著在審判中經歷了耶和華的恩典。

最後，由大衛的妻以格拉——「少女」，所生的兒子叫「以特念」，意思是「人民的利益」。

一個真正從神之大愛而來的人，是不會、也不必為自己樹碑立傳的。所以，我們看到聖經對以人民的利益為重的以特念，沒有任何加油加醋的描述。因為，來自正當純淨性關係的「種子」，聖靈大愛的能量會把之澆灌、充滿、昇華到德位相配的位置。

3、大衛和約拿單、洗巴

再談談，大衛和掃羅的兒子約拿單，他們之間相親相愛的關係，似乎超出了一般人所能理解的，有的人甚至懷疑他倆是否同性戀。

值得注意的是，在聖經中大衛一直處於被愛的位置，都是女人、男人愛大衛，而不是大衛主動愛她（他）們。這意味著，在大衛身上，一方面讓我們看到人之愛是靠不住的；另一方面，又讓我們看到神的大愛可以借著喜歡你的人，或你不喜歡的人彰顯出來，不管當事人是否認識到這一點。

因此，大衛不可能碰到同性戀一類的性關係問題。我們看到聖經記載：「約拿單愛大衛如同愛自己的性命，就與他結盟。約拿單從身上脫下外袍，給了大衛，又將戰衣、刀、弓、腰帶都給了他。」約拿單跟大衛的關係，實際上是進入最親密的「夫妻」關係，但卻與性無關。

因為大衛與約拿單簽立了彼此不能放棄的「婚約」，所以，我們才看到不管掃羅要什麼花招或手段，都無法把大衛置於死地而後快，他苦苦追迫大衛，卻兩次把自己的腦袋親自送上門，都是大衛主動放了他一馬。

這些說明，實際上掃羅是沾了約拿單和大衛的「婚約」之光，否則掃羅不知死了多少遍。而當約拿單死後，大衛並沒有忘記自己對約拿單的承諾，對待他那瘸腿的兒子米非波設如同己出。這也是由大衛和約拿單相親相愛的關係，帶出來的結果。

下面，說一下洗巴，他原來是掃羅的僕人，後來洗巴全家成為米非波設的僕人。當押沙龍造反的時候，洗巴先是帶了食物，單獨前來犒勞大衛，並告知大衛說，米非波設想乘機造反。

後來，大衛重回耶路撒冷，米非波設也前來迎接，當王問他說：你為什麼沒有與我同去呢？他回答說：我主我王，僕人是瘸腿的。那日我想要備驢騎上，與王同去，無奈我的僕人欺哄了我，又在我主我王面前讒毀我。然而我主我王如同神的使者一般，你看怎樣好，就怎樣行吧！

因為我祖全家的人，在我主我王面前都算為死人，王卻使僕人在王的席上同人吃飯，我現在向王還能辦理訴冤嗎？王對他說：你何必再提

你的事呢？我說，你與洗巴均分地土。米非波設對王說：我主我王既平平安安地回宮，就任憑洗巴都取了也可以。

你說，看了這一段對話，這兩個人到底哪一個說眞話？還有，大衛對這件事的判斷，似乎像個糊塗蛋，比起後來他兒子所羅門的斷案差多了，是不是？

實際上，洗巴和米非波設誰眞誰假，很容易判斷。因爲，「洗巴」一名的意思是「偶像」；而「米非波設」一名的意思是「打破偶像者」，由此，就可一目了然看到誰是誰非。

至於，大衛究竟是個聰明人，還是一個糊塗蛋，那是見仁見智，就看你站在什麼層次看問題。聖經說大衛是一個明白神心意的人，所以，就要相信他是站在神的立場處理問題。

首先，洗巴是個偶像，必然離不開對錢財的貪婪。大衛對他的判決，是對他的一種誠心勸告，如果他還執迷不悟的話，那就會距離地獄的門，火湖的邊越靠越近，這並不是神所願意看到的結局。所以，要懂得懸崖勒馬才好；

反之，既然米非波一生之目標，要想做一個「打破偶像者」，那大衛就助之一臂之力，拿走他一半的財產，豈不是可以幫助這個瘸子，更輕鬆地奔走天路，有什麼不好？

可見，所羅門斷案的智慧，誠然來自神的恩賜，通常，都會迎來人們一陣陣的掌聲；然而，大衛的智慧，卻是來自神叫人反省悔改的恩典，也許，沒有多少人會投予會意認同的眼神，卻更耐人尋味。

4、示每和約押

下面，講一下大衛與示每的關係，其中包含著某種特別的啟示。當押沙龍造反時，大衛在逃難的過程中，半路遇見示每，他在大衛對面山坡，一面行走一面咒罵，又拿石頭砍他，拿土揚他。大衛的部下實在看不過去，求大衛容許把示每的頭給割下來。大衛不許，以爲示每的咒罵是耶和華所吩咐的，「或者耶和華見我遭難，爲我今日被這人咒罵，就施恩與我」。

這樣從神之大愛而來的心胸，是一般人所無法理解的。通常，當人受氣的時候，更加容易拿他人出氣，何況大衛當時身邊還有護兵跟隨，怎麼能忍受示每，對著自己的臉直吐口水？

像大衛這樣的人的確少，在他的愛與恨的天平上，有兩個代表人物分別站在愛和恨兩個極端：站在愛的一端是掃羅的兒子約拿單；站在恨的一端是示每。

有意思的是，據《聖經人地名意義彙編》一書統計，在聖經中與「約拿單」同名的人一共是 17 人；而與「示每」同名的人一共也是 17 人。數字 17 是千禧年的記號，說明這兩個人對於幫助我們，如何認識神在千禧年中運行之律，有著重要的意義。

我們知道，約拿單是掃羅的兒子，他對大衛的愛無人可比；而示每對大衛之恨，也是咬牙切齒，沒有人出於其右。因爲大衛所接受的愛是出自神的大愛，所以他就能夠把約拿單和示每同時放在自己的兩邊，不管是從正面，還是反面，萬事互相效力地造就自己的靈命。

大衛臨終時，要所羅門在適當的時候，把示每給「解決」掉，這不是明顯的「秋後算賬」嗎？

「示每」的意思是「有名」，我們要認識示每的結局，離不開從他的名字含義去理解。示每為什麼那麼恨大衛？因為示每和以色列的第一個王，同屬於便雅憫支派的人，他對於大衛坐上掃羅的寶座始終耿耿於懷。

一個要名的人，大都同時也離不開要利。本來，所羅門已經明確地跟示每說好了，他不能自行離開耶路撒冷，否則後果自負。但是，為了尋找離家出走的僕人，示每明知故犯地違背了與所羅門的約定，結果自投羅網是他自己造成的死局。

若從性關係的角度來看，所羅門與示每的約定就好比是一個婚約，不管示每原來對大衛的態度如何惡劣，所羅門認定與之發生了性關係，就不會拋棄之。但有一個前提，耶路撒冷就像皇宮，一旦示每私自離開，就相當於紅杏出牆，後果自負。於是，示每因為貪名圖利，最後還是走上了自我滅亡之路。

這說明，一個追名逐利的人，不可能在性關係上靠譜；反之也一樣，一個性行為不靠譜的人，也不要盼望其道德品質有多踏實。

如果說，示每的下場，是大衛秋後算帳的結果，那也只能說，是大衛愛他，讓他在人間多吃點苦頭，到了陰間才可以少受熊熊烈火的煎熬。

同理，約押最後被所羅門所殺，也是屬於這樣的情形。約押是大衛的

親舅舅，在生之年老是爲著自己的名利打小算盤，從押沙龍到亞多尼雅，都是他下注的籌碼，結果大衛臨終之前，同樣也交代所羅門要記得「秋後算賬」，爲的是，讓約押死後的靈魂，不必在陰間受太多的折磨。所以，我們不能單從人的恩恩怨怨，去評斷大衛臨終前的所作所爲。

第一部分　看聖經中與性愛有關的人事物

七、大衛臨終前做的事

1、錯誤的父親

當大衛王年事已高的時候，雖蓋了許多衣服仍不感到暖和，底下的人就為他找到了一個年輕女子暖被窩。這童女名叫亞比煞，生得極其美貌，但「亞比煞」一名，它的意思是「錯誤的父、漂流之原因」，有點令人百思不得其解。

要解開這個難題的答案，就得先弄清楚聖經對此事的特別交代：「她奉養王，伺候王，王卻沒有與她親近」，到底想說的是什麼意思？

從字面上看，是說大衛和亞比煞沒有發生性關係。但是，在聖經原文中，有不少字帶著不同的時態，光從字面是看不出來的，必須深入到原文字典裡面去查才明白。

因此，如果我們從原文字典裡面去查資料，可以發現實際上，大衛已經跟亞比煞發生了性關係，只是聖經不直接為人揭開事實的真相而已。但是，即便如此，它和「錯誤的父」又能扯上什麼關係呢？

照著聖經原文第一次出現的原則，這裡「錯誤之父」的「錯誤」一詞，它第一次出現的經文是利未記第 4 章第 13 節：「如果以色列全體會眾無意犯罪，是隱而未現、會眾看不出來的，但他們行了一件耶和華吩咐不可行的事，他們就有罪」，其中的「犯罪」二字，與「錯

誤」一詞相同。

從這裡，我們可以看到這種錯誤的特點是，「無意犯罪，是隱而未現、會眾看不出來的」，這正是大衛這個錯誤之父所犯的罪。

也許，有的人會想，是否冷得性功能可能也凍僵了的大衛，面對著美若天仙的亞比煞，也只能可望而不可即，大煞風景。因此，特地用君子風範的語氣，掩蓋了其性無能的尷尬呢？

其實，不要以為，當年還沒有「偉哥」，年老的大衛就「威而剛」不起來。據卡巴拉的信息透露，當年老當益壯的大衛，還可以跟拔示巴連續「作戰」好幾個回合呢。

現在不斷發生的事實證明，多少老年人的性功能並不衰退，這都是愛之能量，在宇宙間加強流動的結果。何況，像大衛那樣與神有著親密關係的人，怎麼可能在亞比煞，年輕活潑的性能量的鼓動之下，還會萎靡不振？

倘若果真如此，大衛為什麼還要向眾人隱瞞，他和亞比煞發生性關係的事實呢，身為一國之王，還有什麼說出來見不得人的？

這就是所謂「錯誤之父」的過失。如上所述，大衛的一生，一直在人為之「愛」裡面打滾，這也是他不斷「漂流的原因」。也許，大衛以為，只要不把和亞比煞發生性關係的事公開出來，對她來講就是一件好事，可以為她往後的日子，帶來更多的方便及有利條件。

殊不知，在神看來，這種關係是光明正大不可隱藏的，因為它引伸到

人和神的公開關係，是否蒙神祝福的大是大非。大衛糊裡糊塗的犯錯，才造成了他死後國裂家破的悲劇。

由於大衛隱瞞了自己和亞比煞的正當關係，才造成了後來他的第四個兒子亞多尼雅，為了娶亞比煞為妻而跟所羅門發生衝突，最終喪命。這不正是「錯誤的父」在臨終之前釀成的又一錯誤嗎？

實際上，到所羅門寫《雅歌》時，他所提及的「佳偶」書拉密，仍然帶著亞比煞的身影，這說明，縱然所羅門有妃七百，有嬪三百為伴，但與獨一無二的起初之愛失之交臂，其帶來的遺憾之情，是難以用任何彌補輕易代替的。

可見，神之大愛的純潔、可貴、幸福，遠遠超出我們的所知、所想、所望。

2、數點百姓

大衛在晚年，做了一件數點百姓的事，此後大衛心中自責，深感自己所行甚是愚昧，還引來神的審判，死了好幾萬人。有些人說，這件事比大衛和拔示巴犯淫亂的罪還大，才受到了神那麼重的審判。

事實果真如此嗎？一碼歸一碼，這兩件事不能混為一談。大衛所犯的淫亂罪，已經付出了家破人亡的慘痛代價，這是沒話說的。就算要秋後算賬，神也不是用這樣的方式，一直算個沒完沒了。

那麼，應該怎樣看這件事呢？首先，必須確定，大衛在數點百姓這件事上，到底是不是真的做錯事，犯了罪？

也許，有的人會說，聖經不是明明白白的說，正因為大衛犯了罪，所以神才罰他在三樣災——或國中有七年的饑荒；或在敵人面前逃跑，被追趕三個月；或國中有三日的瘟疫，任選一樣嗎？

而且，當大衛選最後一樣，耶和華降瘟疫給以色列人，一下子就死了七萬人。這明擺著是大衛的錯，還有什麼好說的呢？

然而，表面看來似乎是這麼一回事，但後面的事實真相卻不見得如此。這件事，值得人深思的地方是，約押一向與大衛在大事上南轅北轍，為什麼在數點百姓這件事上，卻似乎特別站在神的一邊，批評大衛不該發出如此的命令；而向來明白神心意的大衛，卻一直堅持要做糊塗事？這才是我們必須認真思考的問題。

什麼事情的發生都有前因後果。照《撒母耳記下》第 24 章所說的，是「耶和華又向以色列人發怒，就激動大衛，使他吩咐人去數點以色列人和猶大人」。首先，我們應該確定一件事，耶和華不是隨便發怒的神，絕不會無緣無故激動大衛，平白無故的去做違背神公義、慈愛特性的事。如果我們在頭腦中有了這樣明確的原則，一切問題將迎刃而解。

在《歷代志上》第 21 章第 1 節，講到這件事時說：「撒但起來攻擊以色列人，激動大衛數點他們。」這句話是分兩截講的，上半截講的是「撒但起來攻擊以色列人」；而下一截的「激動大衛數點他們」，並沒有明確告訴人，這事是撒但激動引起的。如果說，激動不是由撒旦引

發的，那激動就只能由耶和華而來。

《歷代志上》第 27 章第 24 節，更進一步清楚告訴我們：「洗魯雅的兒子約押動手數點，當時耶和華的烈怒臨到以色列人；因此，沒有點完，數目也沒有寫在大衛王記上。」

由此可見，對以色列人發烈怒的是耶和華，祂的激動實際上是對著約押而來。就此事，《歷代志上》第 21 章還特別指出：「惟有利未人和便雅憫人沒有數在其中，因為約押厭惡王的這命令。神不喜悅這數點百姓的事，便降災給以色列人。」

實際上，所謂「神不喜悅這數點百姓的事」，是指神不喜悅約押厭惡王之命令的態度，甚至於陽奉陰違的做法。表面看來，約押似乎扮演著一個謙謙君子的模樣，骨子裡卻整天都為著自己的名利地位，絞盡了腦汁。

蒼蠅不叮無縫的蛋，約押正是裂了一道大縫的臭蛋，難怪撒旦要攻擊以色列百姓，就一直緊緊抓住約押這個「臭雞蛋」不放。這才是「撒但起來攻擊以色列人」的真相。

於是，問題又來了：為什麼耶和華要激動大衛去數點百姓呢？在查考聖經時，有一個原則是查看上下文，才能全面理解經文含義。這裡，我們把查看上下文，擴大到查看上下章的範圍。

《撒母耳記下》結束之前的第 22 章，實際上是大衛的遺囑。而在第 23 章中，又提到了大衛的大能勇士一共有 37 個人，以及勇士們奮勇殺敵的事蹟。由此可以看到，耶和華激動大衛數點百姓的用意，是要激勵

更多的人，加入到末日決戰的隊伍裡，成爲得勝的勇士。

這當然是撒但不願意看到的事。所以，它才「起來攻擊以色列人」，目的就在於讓人看不到，神要以色列人振奮起來，投入屬靈爭戰的迫切性。今天同樣的事情在發生，神在呼召得勝者進入末後決戰的行列；而撒但巴不得每一個人都沉睡，由它牽著鼻子往地獄里拉。

在數點百姓的過程中，約押刻意沒有把利未人和便雅憫人數進去，大概他想到利未人是神的「禦林軍」，便雅憫人是掃羅王的支派，倘若大衛不幸最後被消滅的話，好歹自己手中有「本錢」，可以向他們靠近。你想，一個人若活成這樣一付德性，難怪神會厭惡之。

那麼，約押的所作所爲，大衛看不出來嗎？一個眞正明白神心意的人，還會看不出來？大衛是爲了替以色列百姓頂罪消災除禍，所以不吭不響一言不發罷了。

這是一個具有王之生命的人該有的品質及作風。所以，我們才看到「大衛看見滅民的天使，就禱告耶和華說：我犯了罪，行了惡；但這群羊做了什麼呢？願你的手攻擊我和我的父家」。

大衛寧願自己一家，背負百姓的罪過，向神求恩典，這才是大衛數點百姓一事背後的眞相。當天使向耶路撒冷伸手要滅城的時候，耶和華後悔，就不降這災了，吩咐滅民的天使說：夠了！住手吧！

後來，大衛買了耶布斯人亞勞拿的禾場，在那裡爲耶和華築了一座壇，獻燔祭和平安祭。如此，耶和華垂聽國民所求的，瘟疫在以色列人中就止住了。若不是大衛明白神的心意，神怎麼會那麼快就叫天使

住手，叫瘟疫止住？

3、大衛帶來的末世啓示

此外，我們還要明白，神對大衛所說的三樣災，實際上與我們今天所面對的社會現實有關聯。

因爲，照猶太卡巴拉的說法，他們把彌賽亞的兩次降臨，分別以約瑟和大衛兩個人作爲代表，約瑟對應於耶穌的第一次降生；大衛對應於主的第二次降臨。所以，兩者就對上了。

怎麼個對法呢？「三日的瘟疫」，相對於三年的新冠病毒引發的瘟疫，從 2020 年至今大概也差不多了；「三個月」的戰爭，俄烏的戰爭開打已有一段時間了；還有「七年的饑荒」在前面等著，它不僅是對人體需要的糧食而言，更是對著精神層面的糧食說的。

當前，人們在網站上看到、聽到各色各樣的信息，看起來似乎什麼精神「雞湯」都不缺。但實際上卻像經過轟炸機，無時無刻的狂轟濫炸之後，弄得人昏頭轉向，不知生死何去何從。這些都是因爲百姓並不明白神的教導和旨意，從而「撒但起來攻擊以色列人」所引發的。

從大衛的身上，我們逐步地看到，一個眞正明白神心意的人，是怎麼與神同在、同行、同工，挪去外表的膚淺，我們才能嘗試到沙漠甘泉的味道。

特別是，對於約瑟和大衛，分別對應於耶穌的兩次降臨一事，更應該弄清楚。在聖經《創世記》中，特別用第 37 章開始講述約瑟的故事；接著的第 38 章就插進了猶大和他媽發生亂倫的事，為大衛的子孫，在耶穌基督的家譜裡，劃下了重重的一筆。

然後，又繼續約瑟的故事，直到《創世紀》最後以約瑟的棺材亮相告終。這暗示，人類在耶穌第一次降生之後，約兩千年來，一直在等待耶穌的第二次降臨，以及人類頭一次復活的到來。耶穌的兩次臨世是不一樣的。

它清楚的讓我們看見，聖經用了 13 章的篇幅，描述了約瑟的一生，對應於耶穌的第一次降臨。數碼 13 與「愛、合一」有關，代表耶穌用祂的愛，把與神合一的永生福音種子，撒遍人間，直到祂第二次降臨的時候，才是收割的季節。

如果從性愛的角度來看，約瑟的經歷表明，人一旦守住了性關係的純潔底線，哪怕會受到撒但的試探，甚至於要付出受苦的代價，也是值得的。因為，最後一定會蒙神極大的祝福。

當約瑟被賣到埃及時，在法老的護衛長波提乏的家裡當僕人。因為約瑟長得秀雅俊美，約瑟主人的妻以目送情跟約瑟說：你與我同寢吧！但約瑟堅決不從，不願意與之犯姦淫之罪。結果，波提乏的妻老羞成怒，倒打一耙向丈夫誣告約瑟戲弄她，結果就被主人下在監裡。然而，耶和華與約瑟同在，使他在監獄裡所做的盡都順利。

這讓我們看到，保持乾乾淨淨的性行為，是何等重要的一件事。否則，約瑟不可能無論到什麼地方，都大大地蒙神的祝福，最後又成為

埃及一人之下，萬人之上的人物。

不少人以爲約瑟能夠飛黃騰達，是因爲他能解夢，智商十足。卻沒有意識到，性關係的問題，才是控制人生命運興衰的關鍵所在。

而大衛代表耶穌的第二次降臨。縱觀大衛的一生，他的周圍有著不少的女人，其中大部分都是來自第二次的婚姻，而拔示巴在丈夫烏利亞死之前，就與大衛發生了姦淫的性關係，更成了大衛一生之中最大的敗筆。

此事導致後來在大衛的家、國中，發生了暗嫩強暴他瑪，押沙龍造反，以色列王國分裂等等，一系列家敗人亡的事故。

這恰好是當今人類社會，人與人之間錯綜複雜的關係，特別是婚姻方面離婚、同居、婚前性行爲等等，越來越普遍和離譜的眞實寫照。

當前我們所見到的種種混亂的社會現象，不過是人類跨越千禧年門檻時，必須面對的考驗和功課，雖然前面還有著不少的變數，但可以肯定，整個形勢在過渡期之後，一切將變得明朗化。

八、新舊約中其他與婚姻有關的教導

1、十個童女

在《馬太福音》第 25 章中，一開始就提到了十個童女的比喻：

那時，天國好比十個童女拿著燈出去迎接新郎。其中有五個是愚拙的，五個是聰明的。愚拙的拿著燈，卻不預備油；聰明的拿著燈，又預備油在器皿裡。新郎遲延的時候，他們都打盹，睡著了。半夜有人喊著說：新郎來了，你們出來迎接他！那些童女就都起來收拾燈。愚拙的對聰明的說：請分點油給我們，因為我們的燈要滅了。聰明的回答說：恐怕不夠你我用的；不如你們自己到賣油的那裡去買吧。他們去買的時候，新郎到了。那預備好了的，同他進去坐席，門就關了。其餘的童女隨後也來了，說：主啊，主啊，給我們開門！他卻回答說：我實在告訴你們，我不認識你們。

這裡講到十個「童女」，可以這麼理解：其中的五個聰明童女代表「妻子」；五個愚拙的童女代表「妾」。由此而來，就可以看到，不管是妻子還是妾，都是以「處女」的身分出現。換言之，在性關係方面，她們是潔淨的，沒有什麼值得非議之處。

然而，兩者之間的差別，在於聰明的童女燈中時刻有油；而愚拙的童女等聽到新郎來了的喊聲時，才慌慌張張去買油。這就是「妻」與「妾」之間的最大差別。

這裡的「油」代表聖靈的膏抹和充滿，而其最終的體現就落實在，妻子對丈夫的愛及謙卑的順服上。

從亞伯拉罕的妻妾身上，可以明顯看到這一點。「主」在聖經上的第一次出現，並非對著神而言，而是指撒拉稱自己的丈夫為「主」，充分表達了撒拉順服亞伯拉罕的愛意。這是撒拉一直居「妻」位的原因。

據卡巴拉所言，亞伯拉罕的妾夏甲和基土拉是同一個人。夏甲被撒拉趕出門之後，是以撒後來當和事佬把之「請」回家的。所以在聖經原文中，才出現基土拉既是妻，又是妾的叫法。

實際上，在原文中，夏甲的第一次出現，是以「妻」的身分亮相。因為那時她和亞伯拉罕及主母的上下關係很好。但是，夏甲後來生了一個兒子，就開始對撒拉「放肆」，造成撒拉決定把之趕出去。並且，撒拉之舉還獲得了神的認同。實際上，這是神向人表態，妻子順服丈夫，婢女順服主母，這是家人蒙福之道。

同時，還要看到，那聰明童女和愚拙的童女的位置，雖然有先天的因素存在，卻不是一成不變，妻、妾之間的地位，可以借著人之自由意志的回應而調整，就像夏甲一樣。

我們還看到，這十個童女，在新郎回來之前都是「睡著」的。換言之，她們都死了。而大家都醒過來時，生前各自有油或沒油的狀況是無法改變的。這意味著，今生、現時人所作的一切，都與未來的復活連在一起。所以，關注於此時此刻最重要，妻身還是妾身自己定，好自為之是了。

2、綿羊與山羊

《馬太福音》第 25 章講到的最後一個比喻是說，當耶穌同眾天使降臨時，要坐在他榮耀的寶座上。萬民都要聚集在他面前。他要把他們分別出來，好像牧羊的分別綿羊山羊一般，把綿羊安置在右邊，山羊在左邊。

於是王要向那右邊的說：你們這蒙我父賜福的，可來承受那創世以來為你們所預備的國；因爲我餓了，你們給我吃，渴了，你們給我喝；我作客旅，你們留我住；我赤身露體，你們給我穿；我病了、你們看顧我；我在監裡，你們來看我。義人就回答說：主啊，我們什麼時候見你餓了，給你吃，渴了，給你喝？什麼時候見你作客旅，留你住，或是赤身露體，給你穿？又什麼時候見你病了，或是在監裡，來看你呢？王要回答說：我實在告訴你們，這些事你們既做在我這弟兄中一個最小的身上，就是做在我身上了。

王又要向那左邊的說：你們這被咒詛的人，離開我！進入那爲魔鬼和他的使者所預備的永火裡去！因爲我餓了，你們不給我吃，渴了，你們不給我喝；我作客旅，你們不留我住；我赤身露體，你們不給我穿；我病了，我在監裡，你們不來看顧我。他們也要回答說：主啊，我們什麼時候見你餓了，或渴了，或作客旅，或赤身露體，或病了，或在監裡，不伺候你呢？王要回答說：我實在告訴你們，這些事你們既不做在我這弟兄中一個最小的身上，就是不做在我身上了。這些人要往永刑裡去；那些義人要往永生裡去。

在耶穌降臨之時，必有一段日子，考驗夫妻彼此之間的信仰生活，是

否經得住火一般的考驗。

從夫妻婚姻的角度而言，綿羊是代表恩愛的夫妻關係，彼此之間活在裡面的人眞心相愛，性生活美滿的狀況之中。患難之時更見眞情，無論發生什麼事情，都義無反顧互相扶持，直到見主的面；

反之，山羊則代表惡劣的夫妻關係，餓了不給吃，渴了不給喝，就更不必談，在性生活方面，還有什麼情趣可談？更加糟糕的是，可能性關係也落在犯姦淫的陷阱之中，所以當重大考驗臨到時，必定夫妻本爲同林鳥，大難臨頭各自飛。這樣的人最後才會落進火湖的永刑裡。

前面已經說過，保羅強調「人所犯的，無論甚麼罪，都在身子以外，惟有行淫的，是得罪自己的身子」，換言之，若人的身體犯了罪，也就是與不當的人發生了性關係，那麼，照著神的婚姻之律，可以判當事者死刑。

所以，山羊之所以會受到永火、永刑的懲罰，因爲它是對應著人的身體部分而言。如果眞的明白這一點，任何人都應該意識到維持身體潔淨的重要性。這是由不得人不信的問題，就像罪人在法庭，不管向法官怎麼申訴，原來自己並不知道有這樣的法律規定，但法官最後怎麼樣判決，就只能怎麼樣接受。

3、以斯拉處理休妻

當我們談到與身體有關的話題，就不得不講一下聖經的《以斯拉記》

和《尼希米記》，前者是講以斯拉如何帶領猶太人，從巴比倫回歸到耶路撒冷建聖殿；後者是講尼希米同樣回到耶路撒冷，帶領當地的猶太人建城牆。

在聖經的整體概念裡，神的殿是代表聖徒的身體；而城牆是代表信徒與不信的外邦人有別的標記，兩者都與信徒的身體有關。

所以，這兩卷書的最後一章，都講到同樣的一件事，那就是神的僕人們，要求與外邦人聯婚的屬神子民必須休妻，拿今天的話來說，就是要犯姦淫的人離婚。也許，有的人會覺得這是過去舊約時代發生的事，與今天的人不相關。

然而，從神的婚姻法則來看，事情並非如人所知、所想。這裡的所謂和外邦人聯婚，相當於發生不正當的性關係，也就是本書一直強調的，作為第三者的「蛇」，介入了亞當和夏娃的婚姻，引誘她（他）們吃「禁果」，從而掉進了死而又死的悲慘結局之中。

為了挽救死亡的敗局，除了果斷地採取「離婚」，徹底的斷絕、消除不當性行為帶來的危害和威脅之外，沒有其他的路可以走。從今天的角度而言，在同一條婚姻線上，斷絕和任何第三者發生性關係，就是在執行當年以斯拉和尼希米發出的命令，順者昌，逆者亡。

在《以斯拉記》中，記載了兩份從巴比倫回歸耶路撒冷的百姓名單，一份是在第二章，當以斯拉第一次帶人回耶路撒冷之時；另一份是在第八章，當以斯拉準備著手處理，百姓與外邦人聯婚的問題之際。

如果我們對比一下這兩份名單，可以明顯地看到第二次入冊的人數，

第一部分　看聖經中與性愛有關的人事物

比第一次大大的減少，有的族群甚至於全部被刪名。這意味著，第一次從巴比倫到耶路撒冷的百姓，大部分已經跟外邦人聯婚，成了不潔的子民。

比方說，一個與「六六六」相同的數字，指出第二章數點人數時，「亞多尼幹的子孫六百六十六名」；而到了第八章，卻成了「屬亞多尼幹的子孫，就是末尾的，他們的名字是以利法列、耶利、示瑪雅，同著他們有男丁六十」。

「亞多尼幹」的意思是「我的主升起」。也就是說，在「升起」的過程，從 666 減少為 60，有 606 個人「消失」了。

同理，排在亞多尼幹前面的是，「押甲的子孫一千二百二十二名」；第二次成了「屬押甲的子孫有哈加坦的兒子約哈難，同著他有男丁一百一十」，減少了 1100 人，僅有約 9%的人剩下來。

排在亞多尼幹後面的是，「比革瓦伊的子孫二千零五十六名」；第二次成了「屬比革瓦伊的子孫有烏太和撒布，同著他們有男丁七十」，一下子就減少了近二千人，僅有約 3%的人剩下來。

有意思的是，「押甲」一名的意思是「強壯的迦得」；而「比革瓦伊」一名的意思是「快樂」。看來，押甲的強壯使他最後多少還能穩住陣腳；而比革瓦伊卻在與外邦人聯婚的快樂中，最後一敗塗地。

這說明，在性愛的問題上，要認識愛和性之間的不同，不是一件容易的事。過去，多少從巴比倫回歸到耶路撒冷的猶太人，落入與外邦人聯婚的圈子；今天，多少人在性關係上頻頻發生了問題，卻仍然無動

於衷不知生死，這無非是歷史的惡性循環，令人深思。

不少人對《啓示錄》中的「六六六」深感興趣，一心一意想探索其眞實的含義。也許，以斯拉帶來的啓示，讓我們能夠更客觀、正確的看清 666 的眞相。所謂 666 的含義，就是對著活在舊三觀中，特別是性行爲不當的人而言。從而對「性愛」的問題必須有深刻的認識，這乃是與人的生死息息相連的關鍵所在。

第二部分

易經中的愛情及婚姻

易經一共 64 卦，其中談婚論嫁的有不少，從一開始的乾、坤、屯三卦，到結尾的既濟和未濟卦，都直接或間接與陰陽相交、談婚論嫁有關。易經中的屯、賁和大過卦，由於裡面的「劇情」複雜了一些，不是三言兩語就能講清楚，所以本文就不多講。下面，僅講一下易經中直接與談婚論嫁有關的幾個卦。

1、不要急著來的「咸」

在易經中，直接談婚論嫁的卦有好幾個。如果照著卦序而言，易經中的第 31 卦叫咸卦，可以排第一。它的卦像是「澤」與「山」的結合，前者代表少女，後者代表少男，對於談婚論嫁的人來說，少男少女正處於黃金時段，於情於理把之排第一，並非沒有道理。

這個卦也可以說是談婚論嫁的第一個吉卦。因為，從卦辭的內容來看，「亨，利貞，取女吉」，可以說是一個吉利的好卦。但是，我們不能僅從字面去理解易經的內涵。所以，就必須更上一層樓看其內在的精華。

據《漢典大全》所言，咸卦的「咸」字，帶有「皆、悉」，即「全部」的意思，而「悉」字還帶有辨別的含義。由此而來，咸卦的內涵離不開凡事必須辨別清楚，因為婚姻大事一點也含糊不得。尤其是，對涉世未深的少男少女而言，更是如此。

「咸」字是「感」字拿去了下面的「心」，談情說愛靠的不就是情「感」嗎？若「心」裡一點都體會不到雙方來電的感覺，乾巴巴又苦

又澀的「咸」味，有誰受得了？

這正是咸卦的要害之處。要知道，咸卦帶有「速」的含義，它的六個爻，從腳趾、小腿、屁股、胸前、背後，一直說到面頰，都是在告誡談情說愛的男男女女，小心不要太快、太急，而越過了「亂來」，情不自禁發生性關係這一道底線。

否則，吃不完兜著走的事，就會層出不窮地纏住人一輩子。實際上，今天網路上的虛擬世界，為談情說愛的人提供了很大的方便。借著在網上一段時間的的接觸，就可以基本上了解彼此各方面的狀況。

現在不少人以為，看得見的現實世界是假的，看不見的虛擬的世界才是真的。既然如此，為什麼不好好的利用電腦的虛擬世界，考察一下彼此的性格、理性、感情、條件是否合得來，才考慮下來是否走上紅地毯。這是最好的實地「婚前彩排」，比其他什麼方式都頂用。

如果因為缺乏肉體的接觸，就覺得心裡不踏實；或還談不了多少次，對方就巴不得能夠馬上見面，進入肢體相交、互動的話，那麼，要不對方不適合成為你的另一半；要不兩個人都被肉體情欲牽動，匆匆忙忙地結合，遲早離婚、後悔的事會接踵而來。

這對於活在當前大街小巷，到處流著「黃水」，同居、試婚、閃婚、離婚等等，如同家常便飯的人來說，要如此慎重、潔身自好的對待婚姻，自然是一種不容易的考驗。

但是，就因為當前的性氾濫，就像當年挪亞時代的大洪水一樣，多少人將在「黃河」氾濫的大洪水中沉淪滅亡，所以誰上得了挪亞的「方

舟」，才能逃得過前所未有的死劫。

今天活著的人，應該認識到性關係與一個人的性命息息相關，馬虎不得。雖然，目前很少人會相信這一點。

而且，聖潔的性生活將成為神對人一個極大的祝福。可不要一提到對付肉體的情欲，馬上就想到中世紀，苦待己身的天主教修士們，一副令人敬而遠之的樣子。這個問題跟對一次婚姻的認識緊密相連。

所謂一次婚姻的定義，就是說，當你已經與另一半發生了性關係時，這種正式的夫妻關係就確定了。而且，於往後不能改變。嚴格地說，不管你是在洞房花燭夜時才同房，還是在沒有領結婚證之前，雙方就發生了性關係，並沒有什麼本質上的差別。

這並不是在贊同婚前性行為，而是說，在正式確定婚姻關係之前，一定不能和任何人發生性關係；而在心甘情願的情況下，若與任何人一旦發生了性關係，就生米煮成熟飯，成了一輩子都脫離不了的，所謂一次過的婚姻關係。

所以，咸卦才一再強調，不要因動心就禁不住情欲之火焚身。無論如何，一旦發生了性關係，就得認了，沒有反悔的餘地，從此就好好的修身養性，和另一半白頭偕老吧。

如果後來兩個人發現性格真的合不來，也不能離婚嗎？可以，前提是，任何一方都可以主動提出離婚的要求，但若離婚之後，與其他第三者發生了性關係的話，那麼，即使後來回心轉意，願意與原先的配偶復婚，也不能這麼做。

照神的婚姻法則，一個人不能明知故犯，在跟第三者發生性關係之後，又再次與原來的配偶發生性關係，因爲這就好比向神身上潑屎，破壞了婚姻的聖潔性，在舊約是要被眾人扔石頭的死罪。

哪怕在東方文化中也一樣，皇帝能夠容許其皇后、嬪妃，與其他任何男人發生性關係之後，再回到自己的身邊睡嗎？

這樣看來，人任何一次的離婚，都可以當作是給了對方一份「休書」，就心安理得的了事嗎？並非如此。如果對方沒有「出軌」的行爲，或找不到確實的證據，就不能隨隨便便給予「休書」提出離婚。這又是神的婚姻法則中另一個規矩，否則相當於逼良家婦女從娼，又是一大罪。

兩個話不投機的人合再一起，彼此面對面久一點都覺得難受，怎麼還可能維持正常的性關係？沒錯，幾乎沒有一個人不這麼想。但是，不要忘記，人與另一半的結合，是被「各從其類」的法則吸引到一塊的，爲的是讓彼此雙方都能學到功課，取長補短讓生命變得越來越成熟。

所以，除非與第三者發生了性關係，徹底毀壞了婚姻的根基，其他的理由都不能成爲藉口，逃避夫妻雙方各自改變自己的生命功課。因此，在沒有其他選擇的情況下，不斷改善和維持夫妻正常的性關係，就成了神對人類最大的祝福，只是我們很少意識到這一點，或願意如此嘗試而已。

而且，可以肯定的一點是，離婚、再婚的次數越多的人，不管是男還是女，犯姦淫的機率就越高，蒙神聖潔的祝福就越少。反之，一心一

意走在聖潔婚姻之路的人，可能會發現轉眼之間，多少過去沒有碰到、想到的好事接踵而來。

2、慢慢來的「漸」

在易經中，還有另外一個卦，與咸卦不相上下，就是漸卦。它的卦辭是「女歸吉，利貞」，和咸卦的「亨利貞，取女吉」有異曲同工之妙。

咸卦與漸卦兩者之間的不同，在於漸卦的卦像是上卦為風，下卦為山。換言之，該卦的主角是長女與少男，與原來咸卦的少女與少男不一樣。為什麼有這樣的差別呢？

因為原來不懂事的少女，現在已經變成生命成熟的才德女人；而少男呢，卻維持原來的身分不變。作為一家之主的男人，這樣一直下去誠然不行，但是沒辦法，人的成長是要待以時日的，所以就只好等待少男一步步的努力成長，最後才能趕上才德婦人的腳步。

整一個漸卦就像一幅生動的油畫，一個接一個的鏡頭，描繪了少男從河邊、山邊、樹林邊，一步一步向上邁進成熟的過程。夫妻倆經歷了多少艱難困苦歲月的考驗，最後才頭插鴻雁之羽，表示此時新郎新娘正式進入了洞房花燭夜。

怎麼開始是夫妻倆，而最後卻成了正式進入了洞房花燭夜的新郎新娘，這不是本末倒置嗎？在傳統的人看來，進入洞房花燭夜好比是雙

了——末日真相

108

方領了結婚證，而在此之前發生性行為都是「非法」的。但是，易經卻讓人看到更深一層的東西。

因為，神看重人對於性關係的正確認識，勝於光從外面、表面的行為去判斷聖潔的標準。漸卦中的男女可能是在血氣方剛的時候，一開始勝不過情欲的試探，掉進了與對方發生性關係的衝動中，從而成了正式的夫妻關係，不管那時兩人是否舉行了「洞房花燭夜」的儀式。

此後，這對夫妻沒有違背神所定的婚姻原則，再與任何第三者發生性行為，這就夠了，滿足了神對於性潔淨的起碼要求。

不管是夫妻也好，新郎新娘也好，神要看的是兩個人發生了性關係之後，任何時候是否與其他任何人發生性關係，這才是重中之重，問題中的問題。有了這把鑰匙，就像得到了一面「照妖鏡」，隨時都可以看清自己和周圍任何人的真相。

因此一來，就可以發現，所謂一夫一妻的靠譜結合，乃是一個充滿著考驗和挑戰的過程，目的就在於借著大環境，改變兩個人的本性，不管誰先走在前面，後面的那個人就要緊緊地改變自己跟上，否則的話，不管躲到什麼地方去，都不可能找到一個如意的避風港。

多少的時候，人們都以為，神對婚姻的祝福，就是晴空萬裡的一帆風順，卻沒有想到，所謂包裝過的祝福，卻經常與風風雨雨，甚至於狂風暴雨為伍。整一個漸卦的特點，就是在經歷各式各樣的生命挑戰之後，才得以明白真正的婚姻是怎麼一回事。

願天下的有情人皆成佳配，有越多越好的地上夫妻能「移民」到天上

去。這就要看人在地上活著時，如何像漸卦中的「小子」，趕快改變自己的德性，向才德婦人靠近。此時，才頭插鴻雁之羽，眞正體驗到洞房花燭夜濃厚的氣氛。

3、白頭偕老的「益」

常聽人說，好的婚姻是能白頭偕老，在易經中，有一個卦叫益卦，剛好符合這樣的原則。其卦像是由「風」與「雷」所組成的，相當於是長男與長女的夫妻組合，也就是已經進入老夫老妻，相依爲命的狀況。

顧名思義，益卦的用意是要人老當益壯，越到了年紀老邁的時候，越不能讓自己的精神狀況崩塌下來。聖經記載：「摩西死的時候年一百二十歲，眼目沒有昏花，精神沒有衰敗。」

這說明，人的精神狀況是影響和決定身體健康的重要因素，不要因爲老，就忽略了正當、正常的夫妻生活，帶來的神之大愛的能量。特別是，當前人類處於進入千禧年的前夕，整個地球的正能量在不斷提升，它帶給老年人的心身幫助是前所未有的，不要浪費這樣美好的資源。

一向以來，中醫十分重視所謂先天的「腎氣」對性功能的影響。隨著年齡的增長，固然老年人的性功能，會受到生理條件的限制或影響，但卻不見得會變得越來越糟。只要精神層面的火花不熄滅，身體的功能也可以改善調整。

易經的下卦代表一家之主，如果是男人在裡面當家作主，整一個家庭就有了主心骨，這是益卦的主要內涵；

男主外，女主內，這是多少年來人們認同的道理。但是，把同樣一個字，生搬硬套的放到不同的場合去理解，是一般人的通病。實際上，「男主外，女主內」，是從做事的角度去理解；「男主內，女主外」，是從做人的立場說的，先把人當靠譜了，做起事來大概也不會錯到哪裡去。而且，內外的位置彼此可以互換，並非一成不變。

這樣說來，當今的問題主要是出在男人的身上，因為他們失去當家作主的能力，或者說，放棄扮演一家之主的角色、責任和義務。因為易經的第一個卦──乾卦代表男人，當男人失去了君子自強不息的正能量，一切聽從於來自坤卦的「婦人」，甚至於本身就是「小人」，天下怎麼能不亂？

同時，因為易經的乾卦同時代表天，帶有來自先天因素的含義；而坤卦代表女人，實際上把所有的男男女女都包括了進去。加上，人的自由意志，可以順天行善，也可以逆天作惡。所以，每一個人在行使自己的自由意志時，凡事必須對己、對人、對神負責，不能什麼髒水都潑到別人或神的身上。

在聖經中列舉猶太人的君王名單時，只見提到這些王的母親名字及背景，而幾乎沒有一個講到其父親的情形，這是在強調母親對自己兒女的影響，往往比父親更直接。

這意味著，每一個家庭實際上有兩個「一家之主」，一個是易經中的坤卦，強調兒女從小就應該學習長幼有序、敬老尊賢，同時不斷擴大

自己的心胸，長大之後才能成為社會的棟樑之材，有益於大眾。

另一個是易經中的乾卦，強調的是父親要培養兒女堅韌不撓、排除萬難的氣質，同時還要有急流勇退，不要戀位的品德，這是很不容易做到的。人應該學習站在中間平衡的位置看問題，不管是少男少女，還是長男長女，這都是走上成熟之路的不二法門。

4、避凶趨吉的「恒」

下面要講的是恒卦，它也是一個與夫妻的白頭到老有關的卦。實際上，恒卦和益卦的卦象，都是由「風」與「雷」組成的。只不過，益卦中「風」與「雷」的位置，到恒卦卻調了頭，成了「雷」與「風」的組合罷了。

但是，若就卦之爻辭的內容而言，恒卦中出現了好幾個「凶」字，這不僅在益卦中沒有出現過，而且在易經中也是不常見的事。為什麼益卦和恒卦中「風」與「雷」的位置互換，就會帶來如此大的差別呢？

上面說過，易經的下卦代表一家之主，如果是男人在裡面當家作主，整一個家庭就有了主心骨；而當下卦是由女人在主政的話，情形就剛好反過來，所以頻頻發生「凶」情，就不是什麼難以理解的事。

這也解釋了，歷世歷代的帝王幾乎都是男人當家，中國出了個武則天，也不過是千古一人的事。可見，神的婚姻法則，不僅是影響著每一個人、每一對夫妻的命運，甚至於連家族之運、國家之運，也都跑

不了會受到牽連和控制。

整一個恒卦告訴我們，要維持正能量的運行，必須有持之以恆的心態，若要避免恒卦中所提及的各種「凶」情，必須慧心、信心、虛心缺一不可。要維持一宗婚姻能從年輕進入白頭到老，必須有智慧。

恒卦中有好幾個「凶」字，讓人一看就不舒服。但是，它卻像諸葛亮的錦囊妙計，裡面隱藏了不少叫人防凶趨吉的教導，可惜許多人並不知道。比方說，它的第一爻就是一個很好的例子，爲我們提供了一個有益的啓示。

恒卦第一爻的爻辭很簡單，就是這麼幾個字：「淩恒，貞凶，無攸利」。它的意思是說，什麼事情一開始，都不宜挖得太深，這樣做是不利的。

換言之，在人與人的關係上，特別是談情說愛的開始階段，別以爲打開天窗說亮話，彼此掏心挖肺的敞開交通，是互相信任再好不過的事。一邁開步就錯，往後的日子就不好過。

因爲，每個人的性格、背景各不相同，在情人眼裡出西施的階段，什麼話都好說，糞土都成了黃金；但是「蜜月期」冷下來之後，以往的甜言蜜語，可能就會成爲蜜蜂刺耳的嗡嗡聲。彼此白頭偕老的願望固然好，但消磨浪費了的幸福時光，卻難以補回來。

所以，眞實不虛，永不說謊，既是美滿、幸福婚姻生活的基石，又必須一開始就承載在智慧的翅膀上，缺一不可。

5、「損」的平衡價值

在易經中，有一個卦，可以說是對益卦進一步的補充，那就是損卦。
損卦的卦象乃上面是山，下面是澤，也就是說，這是少男與少女的結
合，表明益卦中老妻老夫的白頭偕老，是建立在少男與少女正確結合
的基礎上。

損卦的中心思想是叫人必須學習站在客觀、平衡的位置看問題。它的
第三爻是說：「三人行則損一人，一人行則得其友。」

站在婚姻的立場而言，這是告訴我們，在性關係上，只有兩個人的結
合是合情合法，蒙神悅納；若有第三者的介入，勢必亂了套；而一個
人自然無法自成夫妻關係，必須有另外一個「朋友」的介入才行。

有些人認定聖經上所說的，「不娶不嫁」守獨身最好。但耶穌卻指
出，「這話不是人都能領受的，惟獨賜給誰，誰才能領受」。

現在不少人在性關係上亂七八糟，又不願意辦結婚手續，受法律的約
束，這與聖經上講的守獨身，相差十萬八千里，不能相提並論。

由此，年青的少男少女在談情說愛時，必須清楚地認識到，任由第三
者介入的二人婚姻，一定是不得善終的，一開始就記得這一點，絕對
一生受益無窮。

而願意不娶不嫁守獨身的人，也必須認真監察是否真的來自神的帶
領。若以中世紀的修士、修女們，苦待己身的痛苦心態去守獨身，恐

怕又娶又嫁的靈修生活還好一些。

猶太拉比並不主張不娶不嫁，因爲他們認爲沒有經過婚姻這一關的人，生命成熟不了。婚姻對喜歡自由的人來說，受其捆綁看起來是「損」，但夫妻經過一生的磨合、考驗和鍛煉，最後生命變得成熟，何嘗不是進入了「益」卦？

由於損卦和益卦之主要目的，是讓人明白凡事必須平衡地看問題。所以，在易經的卦辭中，很少帶有「元吉」二字，但損卦一開始，「元吉」就出現了。

6、值得人留意的「不期而遇」

在易經上有一個卦叫姤卦，也與婚姻有關。它的卦辭是說，「女壯，勿用娶女」，這裡的「壯」字，可以理解爲「強」的意思，但可以當成「傷」去理解。這就看從什麼樣的角度去看問題。

如果把「壯」字理解爲「強」，那你所面對的就是一個女強人。這卦最底下是一個陰爻，代表一個女人；上面有五個陽爻，代表五個男人。想一想，一個女人能夠對付五個男人，這樣的她算不算是貨眞價實的女強人？

若以「傷」去理解，面對著這樣的一個女強人，男人們會「受傷」吃苦頭是不難理解的事，所以不少人對女強人總是怕怕的；但話又得說回來，女強人何嘗不是在與人碰碰撞撞的過程中，自己也傷痕累累？

所以，光從字面上去了解它們的定義還不夠，必須明白其存在、出現的意義才行。隨著人類歷史從二元對立不斷向與神合一的轉化，站在中間平衡的位置看問題，越來越被人們所接受。這是現在和未來時代的走向，所以大家對所謂的悖論和鏡像的話題，才會越來越感興趣。

無論如何，易經最後得出的結論是「勿用娶女」——這樣的女人不要娶。然而，據《說文》所言，「勿」字除了可以「不」去理解之外，還帶有在旗下聚集之意。故「勿用」不是不用，而是要大家聚在一起，明白道理之後才能實際去用。易經並不喜歡從二元對立的角度去論斷是非對錯，而要我們舉一反三，學習從不同的層次去思考、尋求問題的答案。

「姤」還帶有「不期而遇」的意思。從另外一個角度來看，這個卦最底下的陰爻代表一個女人，倘若不管是一個男人，或多個男人，她不期而遇就輕薄地與之拉上關係，甚至於迫不及待就要上床，這不正是人在離婚、再婚的惡性循環裡不停打轉，帶給人的困惑和迷茫嗎？

所以，到底是一個沒得挑，還是多個任你選，哪一個好？要知道，真正的愛情婚姻並不是在賭場轉老虎機，或買六合彩撞運氣，盼望如何從天上砸下一個「幸運餅」，獲取自己理想中的最佳人選。

聖經上有個「各從其類」的原則，有的人稱之為「吸引法則」，它表明什麼樣的人，冥冥之中就會碰到什麼樣的另一半。

這裡，雖有所謂先天注定的因素夾在其中，但最後的決定性因素出自人的自由意志。每一個人問世之後，生命的改變就如影隨形，什麼樣的生命就會把相等、相配的同伴，吸引到自己的身邊。

所以，如果你想找到稱心如意的另一半，那就從盡心、盡意、盡力地改變自己，提高人性品質入手吧，這比什麼都頂用。

7、無可奈何的「小妹」

下面，講一個與婚姻有關的卦叫歸妹卦。這個卦的卦辭是說，「征凶，無攸往」，意思是說，往前走凶，還是好自爲之才妥。

在易經中的卦辭中，出現「凶」字的很少見，可見一個談婚論嫁的卦直接與「凶」字掛鉤，必有其特別的用意。

在古代國與國之間，統治階層爲了鞏固自身的利益，政治聯婚是一種常見的現象。歸妹卦講的是做妹妹的如何陪姐姐嫁出去，無形中相當於落在婚姻裡當小妾，心中不舒服的感受自然不言自明。

實際上，今天世界上的名人，爲了彼此的利益關係，進行政治聯婚的事情也層出不窮，但易經乾脆俐落地指出，「征凶，無攸往」。任何人若把婚姻當作一椿謀利的買賣去經營，最後肯定不會有什麼好結果。

歸妹卦的卦像是上卦爲雷，代表長男；下卦爲澤，代表少女。當一個成熟的大男人，與一個不成熟的小女孩結合在一起的時候，可想而知，因三觀不同而引起的衝突、碰撞是無法避免的，這是引起現代人離婚的主要原因。

有什麼方法可以解決這個難題嗎？當然有！前提是，一來必須有真的想解決問題的願望；二來借著對神無條件之愛不斷加深的認識，雙方都看到自己必須改變的那一份，彼此取長補短、互相幫助，最後當然會有美好的結局。

史威登堡是二百多年前，一個頻頻來往於人間和靈界的著名科學家和神學家，他在靈界看到的婚姻見聞很精彩。

照史威登堡在靈界的見聞所言，如果任何一方不願意接受改變，哪怕是在表面維持著地上的婚姻關係不變，但人死後進入靈界，兩個人就會依照「各從其類」的原則，選擇各奔自己的路。

在人間，因為受到環境、背景、人情世故的影響，大多數人都不得不帶著假面具在生活，但一進入靈界，所有的假面具都被審察的天使剝下來，人可以毫不掩飾地暴露自己的內心世界。

因此，哪怕是在地上幾十年反目的夫妻，幾天之內就了結在人間幾十年的恩恩怨怨，靈魂的糾結霎那間就得到了釋放。這是以往許多人都不知道的事。

聖經上把神與名字記在生命冊上的人，比喻為夫妻的關係。但是歸妹卦中的小妹，相當於是妾的角色而已，所以，如何成為神的新婦，或者說羔羊的妻子，就成了一個十分重要的話題。

而且，值得一提的是，在未來的日子裡，人到底是成為羔羊的「正妻」，還是淪為歸妹的「小妾」，那都是由人現在的選擇和努力決定的，別無它路。

歸妹卦的結合是少女在下卦，長男在上卦。這相當於，代表一家之主的長男被擠到了外面，生命不成熟的少女，反而在下面充當了一家之主的角色，難怪她會淪為「小妾」。

不管是聖經的觀念，還是中國文化的傳統習慣，對妻、妾的看法基本上都是一致的。就其在家庭中或社會上就地位而言，妾要比妻低一個等級。

漢字中的「妾」字，帶有罪人在刀下受刑的意思。這不能從所謂人權平等的角度看問題，而是牽連到受造者是否順服造物主，擺正彼此之間的位置關係。

可見，無論人的能力如何，若自己站在不該站的地位，或有錯不知反思悔改，最後淪為「小妾」，那將是一件何等遺憾，令人歎息的事。

8、沒問題的「隨」

在易經中，還有一個卦，雖然不直接談論到婚姻的問題，但卻與之有著十分密切的聯繫，那就是第 17 卦叫隨卦。

在易經中，一共有七個帶「元亨利貞」四個字的卦，每一個卦都和人類一個新的歷史時代或階段有關。隨卦就是其中的第四個卦。

此卦的卦辭在「元亨利貞」的後面，只加了簡簡單單的兩個字：無咎。它的意思是沒有問題。

這樣的一個卦，怎麼會與婚姻連在一起呢？要想弄明白易經，不能一直停留在字面的層次去理解。首先，就數字而言，在聖經的數字系統中，數字 17 是千禧年的記號，所以，這一個與「元亨利貞」有關的卦，是暗示我們，它和未來人類的婚姻有著密切的關係。

隨卦的卦辭只有簡簡單單的兩個字——無咎，意思是沒有問題。但仔細想一想，平白無故的說了一聲沒有問題，這意味著前面一定有過問題，只是，如果明白這問題到底是怎麼一回事，就不算是問題罷了。

那麼，這「無咎」的問題到底是什麼問題呢？

人類目前正處在跨進千禧年的過坎階段，就時間觀念而言，這個隨卦正好對應於當前我們所處的時段。整個隨卦的婚姻關係都是反傳統的。所以，現在社會上的同居、試婚、閃婚、分居、離婚，甚至於同性婚姻，才變得越來越普遍。而且，無形中被越來越多的人所接受。

從傳統的道德觀念來說，這些都是有問題的，但所謂司空見慣，見怪不怪的事多了，人們反而覺得這些都不成問題。甚至於，以為這是順從時代潮流的走向。要知道，徹底弄明白這些問題背後的來龍去脈，才是真正的「無咎」。

難道就讓這樣敗壞倫理道德的事繼續下去嗎？也許，只能這樣說，這些都是人類進入千禧年之前，神調整地球人口數量，以及提升人類品質之階段，必然發生的事。一旦正式進入千禧年時，一切就將變得不一樣。

而且，前面已經說過多次，必須站在不同的層次，才能看到易經中更

深一層的含義。所以，我們必須更上一層樓，才能看到「無咎」的更深的內涵，是與隨卦的結構分不開的。

就易經的傳統概念而言，十分重視所謂門當戶對的匹配。一個陰爻位於鄰近陽爻的上方叫「乘剛」，相當於小人冒沖了下面的君子，那可是犯了大錯的禁忌；

可是，在隨卦中陰爻同樣站在陽爻的上方，卻叫做「系」。陰爻系緊陽爻是好事，相當於女的緊緊抓住男的沒問題；而陽爻在陰爻的下面叫「隨」，相當於一個成熟的男人在女子的下面頂著，被視爲是充滿正能量的表現。

由此一來，原來處在九五之尊的第五爻，與上六的陰爻系在一起，就像灰姑娘嫁給了王室的白馬王子，大家都鼓掌叫好。這不正是近些年來人們經常在新聞、視頻上看到的信息和鏡頭嗎？

這讓我們看到，在當前人類的性生活十分混亂的階段，該守住的底線，正派的人還是應該守，不應該隨波逐流放任不管。當然，另一方面，在未來的千禧年時代，必定會發生越來越多與傳統觀念不一樣，叫人跌破眼鏡的人事物。所以，在不違背神的婚姻法則的前提下，人們也不要抱著固執己見，一成不變的態度才對。

隨卦的上卦是「澤」，下卦是「雷」，相當於是少女與長男的結合。從婚姻關係的角度來看，與前面說過的歸妹卦——長男在上面，少女在下面恰恰相反。換言之，隨卦是成熟的男人在當一家之主，而尚未成熟的妻子把之緊緊系住，其最終的結局，必定是歸妹卦中之「小妾」無法望其項背的。

簡而言之，未來的時代是一個人類真正認識什麼叫做愛的時代。無論宗教、文化、政治、經濟、保健等等，必將發生重大的變化。我們必須堅持守住聖經的婚姻法則，觀察時代洪流的走向，才能乘風破浪隨著千禧年的號角聲，享受前所未有的大同世界，帶給人類的幸福、平安和喜樂。

9、兩個數字卦斷一生

在易經中，就一個人的人生，包括婚姻的問題在內，提綱挈領的領會，可以從最簡單的兩個數字卦開始，它把人們應該注意的主要問題全盤托出。

照著奇數是陽，偶數是陰的原則，數字 123456 可以合成一個既濟卦；而 234567 則可以合成一個未濟卦。這兩個卦，是聖經上最後的兩個卦。

前者既濟卦與時空有關，六爻正應，是易經中最理想的卦；後者未濟卦是易經中排在最後的第 64 卦，沒有一爻是當位的。數字 64 在聖經中是「真理」的意思，暗示所謂的真理，並非那麼容易就被人認識到位。

而且，這兩個卦是我中有你，你中有我，錯綜複雜相交在一起。簡單來說，既濟卦的下卦帶著凡事亨通的特性，但走到上卦就進入未濟卦不斷受挫的範圍，最後進入物極必反的位置；

反之，未濟卦的下卦帶著凡事不順的特性，但走到上卦就是進入枯木逢春的環境，直到最後進入百花齊放的佳景。

換言之，一個人的一生，如果是由既濟卦所代表，那可能上半生走好運，而下半生恰好相反，倒楣的事不斷纏身；反之，如果是由未濟卦所代表，那運程就倒過來，上半生艱難困苦，後半生春風得意。

當然，這只是一個人單獨面對一切的概況，它還受到其他許多因素的限制和影響，所以就引出了另外的一個問題。

那就是性關係，它不僅與人的生命線有關，而且與命運線有著十分密切的關係。如果一個人在上半場呼風喚雨，但性關係亂七八糟的話，大概進入了下半場的時候，就會厄運連連，頻頻出問題。

也許，有的人會想，如果他在上半場積累了夠多的錢，不就什麼事情都可以扛下來，用錢財擺平嗎？

然而，不是還有另外一句話嗎？一個人的健康和生命，並不是用錢就能買得到的。何況，死後陰間還要跟人算性淫亂的老賬呢，能舒服嗎？

所以，在這裡，同時就引出了潔淨的性關係帶出來的絕對好處。現在，不是流行著一句話，叫「每一個成功的男人，後面都站著一個女人」嗎？

想一想，這一個女人，會是一個妓女嗎？可以隨時時地去調查，那些艱苦奮鬥出來的夫妻檔，有哪一對不是在彼此敞開、信任、相親相

愛，把性關係的淳樸、潔淨發揮到淋漓盡致的頂峰，創造了事業奇跡的？

常常，人們都把成功的要素，算到智商、果斷，或勤勞、節省等等的頭上，卻從來沒有想到性愛這把「利劍」，可以把人置於死地；也可以使人立斬妖魔鬼怪，登上人生成功的頂峰。

中國大陸在不可思議的艱艱難困苦的環境中，能夠在短短的時間裡就讓二彈一星上了天，以及在其他領域裡，都取得了傲人的成功，靠的是一幫滿門忠烈的科學家。他們在戈壁、深海之中，不顧個人安危，把家庭婚姻的純淨度，提高到前所未有的水準，創造出一個個的神跡。看不到這一點，就不明白神的婚姻法則，如何不分宗教、國界在宇宙間運行。

如果那些還在人生上半場打滾的人，懂得這個道理的話，那麼，求神提高你自己的人性品質，得以吸引一個才德兼備的處女、處男終身爲伴，這不知會爲自己、彼此、全家帶來多大的祝福！

除了剛剛講到的既濟卦和未濟卦之外，易經中還有類似的另一對卦，那就是泰卦和否卦。人們常說，否極泰來，就是指著它們彼此之間的互轉和變化而言。

這兩個卦與既濟卦和未濟卦一樣，也是上、下卦各有特點，並互相轉化。但是，泰卦和否卦，與既濟卦和未濟卦也有不同之處。

既濟卦和未濟卦的六個爻不能「濃縮」，也就是說，原來怎麼樣就怎麼樣，六個爻的形狀原封不動，相當於 123456，或 234567 這兩組數字，

都不能隨便加以調整；但是，泰卦可以「濃縮」成爲陰、陽兩個爻；否卦可以「濃縮」成爲陽、陰兩個爻。若以數字表達的話，相當於泰卦是 2、1；否卦是 1、2。

換言之，如果偶數 2 代表陰性的女人，奇數 1 代表陽性的男人，那麼，這兩個卦顯然就是代表一夫一妻的結合，兩個人不論如何翻來覆去，都容不得任何第三者的介入。

怪不得，人們對泰卦那麼喜歡，原來它和神純潔的婚姻法則連在一起。值得一提的是，泰卦在易經中排第 11，數字 11 也是千禧年的代號，這意味著，只有當人類進入千禧年之後，純潔一對一的夫妻關係，才會名副其實、遍地開花的被建立起來。

那時，神借著美滿的婚姻關係，帶給人類的祝福，必將如活水江河，澆灌和充滿著大同世界的每一個角落。

實際上，易經中的每一個卦，或每一對卦，都可以「濃縮」成爲由陽爻及陰爻組成的，具有不同爻數的卦，從而解讀出不同的信息。所謂萬變不離其宗，陰陽的相交是整個易經的核心，也是神在宇宙間運行之律。明白了這一點，所有的問題必將迎刃而解。

而且，還要明白，爲什麼一直在特別強調，婚姻中一對一的聖潔性？因爲，這是與十字架的核心連在一起。十字架是耶穌得勝的標記，一個十字架只能有一個陰陽相交的點，你見過有兩個交點的十字架嗎？

第三部分

看數字怎麼說

1、快樂數

下面，講一個叫「快樂數」的話題。

所謂的快樂數，是說任何一個數字所有數位的平方和，得到的新數再次求所有數字的平方和，如此重複進行，最終結果必定爲1。比方說：
13＝1x1＋3x3＝1＋9＝10＝1x1＋0x0＝1；
44＝4x4＋4x4＝16＋16＝32>3x3＋2x2＝13>1x1＋3x3＝10>1x1＋0x0＝1，任何數最後的結果等於1，就是快樂數。

換個角度說，當今世界上，窮富之間的差別越來越大。20%的富人，手中握著地球上大部分的資源，而其他 80%的人，都掙扎在各種各樣的困苦中，甚至於缺衣少食的人也大有人在。

從1到100這一百個數字中，其中的快樂數一共有20個，其他的80個都不是。這相當於，有錢的富人就快樂，沒有錢的窮人就不快樂，這話一聽就明白。俗語說，富貴在天，看來這話並非沒道理，因爲它是一條律。

這20個快樂數是：1、7、10、13、19、23、28、31、32、44、49、68、70、79、82、86、91、94、97、100。

下面，解釋一下以上這些快樂數的含義：

1、

希伯來文第一個字母的意思是「牛」，現在的人對於「牛」之概念的認識，幾乎達到了登峰造極的地步。只要說一聲這個人好牛，沒有誰不知道是什麼意思，牛市更是許多在股市裡進進出出的人，巴不得時刻見到的字眼。

簡而言之，牛就是神無所不能的代名詞，難怪以色列人在曠野中會拜金牛犢，把之當作是神的替身。由此而來，你就得明白在人類的意識裡，是把所謂神的概念，與其無所不能的特性緊緊連在一起的。拿中國人的俗語說：「真神了」，就是指有呼風喚雨之能力的，才算得上是神。

7、

希伯來文第七個字母的意思是「武器」，顧名思義這是和爭戰分不開的，不管是個人、集體、國家，一旦要和武器打交道，日子肯定不好過。

聖經的第 7 卷書叫《士師記》，記載當以色列人進迦南之後，如何與裡面的原住民反復爭戰的故事。實際上，它正是當前人類處在進入千喜年的前期，所必然要經歷之事的真實寫照。

《易經》中的第七個卦叫師卦，它與《士師記》不謀而合都與打仗連在一起，說明在神的整體啟示之下，中西文化之間的結合，是上天早已設計好的安排。

在基督教的教義中，對於千禧年的看法，向來有所謂前千、後千之爭。前者以為耶穌降臨了，這個世界才會變好；後者則反之，以為這

個世界變好了，耶穌才會降臨，公說公有理，婆說婆有理，誰也說服不了誰。

時至如今，看來我們不能離開社會的現實狀況看問題才合理。所謂的前千，可以是指千禧年的前期，也就是當前人類正處在，及接下來要進入的階段。天災人禍、痛苦掙扎頻頻發生，相當於產婦臨盆的陣痛期；

而後千則指千禧年結束之時，神的大審判期到了，那才是幾乎每一個人，都必須向神交帳的時刻。

10、
希伯來文第十個字母的意思是「手」，它的特點是看見了東西就要抓，而抓了就不想放，這就像嬰兒呱呱墜地時緊握雙手的情形。

漢字大寫的「拾」字，帶有用手把東西撿起來的意思，這和希伯來文的「手」要表達的意思不謀而合。而且，「拾」還把三一神與人合一的內涵表明無遺。

在聖經的數字系統中，10 是造物主與受造者天衣無縫的結合，現在電腦所使用的 01 二位制的數字系統，就是 10 的鏡像數，這無形之中，更顯明 10 在宇宙中所扮演的極其重要的角色。

13、
希伯來文的第十三個字母意思是「水」。在西方人的觀念中，不少人把數字 13 當成是不吉利的數字，甚至於與撒但、魔鬼連在一起。

然而，從聖經的數字來說，31 和 13 是鏡像數，31 對著三一神而言；13 代表墮落的天使撒但，但它無非是三一神手中使用的工具而已，不必把之抬高到能與神唱對臺戲的地步。因為，這正是它利用二元論迷惑人的鬼把戲。

實際上，在希伯來文中，13 是「合一，愛」的數碼，愛就像水，在本質上是無法把之分開的。因為，水的本性是不可分離的，所以在《創世記》中的第二天，我們才看見神在把天上的水與天下的水分開時，聖經上並沒有說好。

總之，從二元對立轉向在愛中合一，才是人類唯一的生路。特別是，對數字 13 的認識，必須有從天上而來的智慧，不要稀裡糊塗地上了撒但的當，甚至於成為其幫兇。

19、
希伯來文第十九個字母的意思是「針眼」。聖經上記載了耶穌這樣說過的一句話：「駱駝穿過針的眼，比財主進神的國還容易呢。」也許，借著這句話，才能理解第十九個字母所指的「針眼」，到底是怎麼一回事。

顯然，就字面而解，一隻大大的駱駝，要穿過一個小小的針眼，無論如何是人的理性難以通過的事。實際上，它所要告訴我們的，就是面對一種傳統觀念的巨大改變，對任何人的理性來說，都是一種幾乎不可能通得過的考驗。

換言之，前面人類要進去的千禧年時代，是用舊人的三觀根本無法想像的事。由此而來，就要明白每一個盼望進入千禧年的人，所面對的

是一場幾乎不可能勝得過的考驗，從而立下置於死地而後生的心志，那下來才可能接受神的恩典，進入「在人這是不能的，在神凡事都能」的經歷。

這是從二元對立轉向與神合一的唯一途徑，舊人與新人相爭是二元對抗，新人與神相合是進入一元。

23、
據卡巴拉所言，夏娃還沒有受蛇誘惑而墮落之前，她的名字叫哈婭，數碼是 23，帶有真正的生命與經過審判的考驗分不開的含義。

此外，聖經一共有 66 卷書，其中的第 23 卷書叫《以賽亞書》，它一共有 66 章，研究聖經的人都知道，這 66 章的內容，是與聖經的 66 卷書相對應的。所以把《以賽亞書》當成是整本聖經的縮影，並不為過。

數字 23 和 32 是鏡像數，聖經的第 32 卷書是《約拿書》，與宣告神的審判一事有關。約拿在魚肚子中三天三夜為尼尼微人禱告，表示神在審判中仍然充滿憐憫之情，為罪人留下悔改而蒙恩得救的機會。從而，最後我們才得以看到大大小小的尼尼微人，披麻蒙灰認真悔改的鏡頭。

由此，我們就清楚地看到，一個人的生命要成長，跑不了會與神的審判見面；但在審判中又會遇見神憐憫的恩典，所以有血有肉的生命才會變得如此不可思議，充滿了神奇奧祕、難以捉摸的色彩。

28、
「知識合一、能力」的數碼是 28。聖經記載，當一個犯血漏的婦人摸

耶穌後，主覺得有能力從自己身上出去，病人就好了。「耶穌」一名的數碼是 386，彌賽亞的數碼是 358，而 386-358=28，它恰好應證從耶穌身上出去的能力，醫好了那病人。

在數學的領域裡，有一個所謂完全數的觀念，具體的計算方法這裡就不談了，只提一下至今數學家們用最快速的計算機，也不過是找出 50 個左右的完全數。在所有的數字中，從個位數到四位數，只有 4 個完全數，而二位數的 28 就是其中的一個，可見數字 28 是一個充滿著能量的奧祕數字。

在聖經中只有兩卷書是 28 章，那就是新約的《馬太福音》和《使徒行傳》，前者是耶穌站在山上講最高深的道理；後者是記載聖靈如何在早期的教會中與信徒同在，行出各式各樣的神跡奇事，兩者都爲數字 28 的含義作了最有力的背書。

31、
聖經中的第 31 卷書叫《俄巴底亞書》，據有的聖經學者所言，它在舊約的十二本小先知書中，實際上是最先寫出來的，所以把之排在第 1 的位置，一點都不過分。

而且，它是舊約 39 卷書中僅有一章的書卷，從而更加強了其獨一無二的特性，這與數字 31 是三一眞神無法代替的記號，恰好不謀而合。

在聖經原文中，俄巴底亞、俄巴底雅、俄巴第雅、俄巴底等四個名字，實際上是同一個字，所以無法考證寫《俄巴底亞》書的先知到底是哪一個人。這就像猶太拉比所說的，神的名字可以有 72 種變化，光是從名字的外表結構，人無法參透這些名字後面眞正的內涵。

所以，就只能坦然承認，冥冥之中人類無法認識，在天地萬物之中神一切奇妙的安排，那就只有懇求聖靈賜下智慧和恩典，讓我們得以變得越來越謙卑才越有用。

32、

聖經的第 32 卷書叫《約拿書》，是講述先知約拿在跟尼尼微城的人傳福音的過程中，如何被吞進大魚肚子裡，在魚腹中禱告獲得死裡復活的大能，結果使尼尼微城的人誠心悔改，最後蒙神的憐憫而逃過一劫。

「心」的數碼是 32，它告訴我們，神看重的是人的心，不管未來的環境如何充滿著惡劣的變數，只要誠心誠意求神拯救，反省改錯必將平安過坎。同時，「喜樂的心乃是良藥」，不少人都會背的這一節箴言，更應證了心在人的靈魂體中，扮演著何等重要的角色。

44、

「血」的數碼是 44，耶穌在十字架上流的血，救贖了所有願意跟隨祂的人，這是聖經一直教導我們的真理。

在《出埃及記》中，我們看到第十災，天使擊殺了埃及的長子，而耶穌的寶血和擊殺長子的血災首尾相連，表明是他在十字架上流的血，使那些蒙祂救贖的人得以死裡逃生。

照《利未記》所言，「活物的生命是在血中」，也就是說，一個人的魂是否潔淨，就看其三觀是否得到徹底的改變。

「父母、生育」的數碼也與「血」一樣，都是 44，這告訴我們，父母

生育兒女們的最終目的，是讓之明白一個人來到人世間，面對著各式各樣的環境和考驗，無非是要改變人性的缺陷和弱點，最後得以回歸生命的源頭，重新與神合二為一。這是為人父母所要盡的最大職任，千禧年的時代，就是聖靈保惠師要介入幫助人類成就這件大事。

49、

在聖經的數字系統中，49是第一個出現（1459-919）這一數根的數字，該數根帶有從死裡復活的含義，由此，我們可以把數字 49 當成與死人復活有密切關係去理解。中國人的習俗中，有人死後要連續做七個七，即守足四十九日的規矩與此有關。

希伯來文中的「衣服」的數碼是 49，如果我們把人的肉體當成是「衣服」去理解並無不妥之處。因為人死了如同把身上的衣服脫下，而不滅的靈魂不管是復活還是輪迴，還可以如同穿衣服一樣，量身定做另外一套衣服，即與合適的身體合在一起。

明白了肉體的死亡無非像換衣服那般簡單，那麼，對死亡的來去還有什麼值得害怕或擔心的呢？特別是美好的靈魂必定會和漂亮的身體合在一起，如同喜洋洋的節期穿上得體的新衣服，高興都來不及呢，還有什麼沮喪的氣氛得以駐腳？

68、

照猶太拉比計算數字的方法，「善惡樹」的小數字=68，「生命樹」的小數字=35，由此而來，如果說，數字 35 代表耶穌的再來，要把生命賜給那些仰望祂早點到來的人；那麼，數字 68 就代表對抗、干擾、攔阻祂的到來，也就是分別善惡樹所代表的勢力。

最近，在網路上熱傳著這樣的數字信息：

第一次世界大戰發生的日期：28/7/1914 > 28+7+19+14=68

第二次世界大戰發生的日期：1/9/1939 > 1+9+19+39=68

俄羅斯與烏克蘭之戰發生的日子：24/2/2022 > 24+2+20+22=68

由此一來，可以看到它們都不約而同地跟數字 68 連在一起。如果說，這是人類面對分別善惡樹所帶來的二元對立的挑戰，那麼，反其道而行之，我們必須把二元轉化成為與神合一，人類才能避免第三次世界大戰的到來，不是昭然若揭嗎？

70、

希伯來文的「酒」和「奧祕」的數碼都是 70，在聖經上，酒通常與聖靈的澆灌和充滿連在一起。這就告訴我們，有多少隱藏在聖靈裡面的奧祕，都是我們未曾想到的。

聖經讓我們看到，當挪亞的方舟停在亞拉臘山上，洪水漸消時，挪亞放出一隻烏鴉。那烏鴉飛來飛去，直到地上的水都乾了。他後來又放鴿子出去，但遍地上都是水，鴿子找不著落腳之地，就回到方舟挪亞那裡，他又等了七天，再把鴿子從方舟放出去到了晚上，鴿子回到他那裡，嘴裡叼著一個新擰下來的橄欖葉子，挪亞就知道地上的水退了。他又等了七天，放出鴿子去，鴿子就不再回來了。

「烏鴉」的數碼是 278，「鴿子」的數碼是 71，「光」的數碼是 207，後兩者 71+207=278，恰好是烏鴉的數碼。這是聖靈在為我們揭開一個奧祕：烏鴉的字根來自「變黑暗」的混亂，這正是當前現實社會的寫照。因為，人們無法看到現象後面的鴿子所代表之聖靈亮光。

自古以來烏鴉就有「孝鳥」之稱，其反哺的傳說家喻戶曉，這說明當人們站在黑白分明的立場看問題時，通常想到的是自身的「白」，以及對方或他人的「黑」。結果，就很難想到當烏鴉在洪水未退的地面上盤旋時，也許它正在被大洪水沖刷過的殘壁廢墟上，發出陣陣哀痛悲傷的鳴叫聲呢。

鴿子在方舟與地面之間往返來回，無非是在提醒我們，人類即將要進入的千禧年時代，是橄欖枝所象徵的世界大同的和平時代，到處都充滿著和平、喜樂、幸福的氣氛，如此一來，人與人之間的關係能不和諧麼？

這是現代人類經過大洪水的洗禮之後，必將出現的烏鴉與鴿子共舞，獅子與綿羊同臥的動人鏡頭。在聖經的第 23 卷書《以賽亞書》中，多處記載著人類經過大審判之後，千禧年到處呈現著一片片欣欣向榮、振奮人心的景象。這才是人類盼望得以安居樂業之地。

79、
在聖經的《士師記》中，記載了該書中最後的一位士師參孫的故事。他從小就被神揀選做拿細耳人，但在做士師的過程卻屢犯做拿細耳人的規矩，最後迷戀一個叫大利拉的女人，在她的手中被弄得身敗名裂，還好他最後痛心悔改，在被挖去雙眼的情況下，還奮力消滅了比往常還多的敵人，並上了《希伯來書》中的信心偉人英雄榜。

這一位叫參孫屢次中招的「大利拉」，她的數碼是 79，其名字的意思是「裝憔悴形引人生戀」，難怪參孫會英雄難過美人關，一直舊病復發的頻頻裁在她的手上。這讓我們看到，在末世的日子裡，多少人在犬馬聲色的「黃海」裡紛紛落水，各種犯姦淫的行為，充斥在社會各

個角落裡，成了若無其事的家常便飯。

然而，想到參孫的名字最後還是上了《希伯來書》中的信心偉人英雄榜，不禁又令人感歎悔改的力量是何等驚人，參孫爲後來人提供了慘痛的教訓，又樹立了難得的榜樣，讓我們看到了悔改所產生的力量是何等的不可思議。

82、
現在家喻戶曉的「以色列」是猶太人的老祖宗，他在改名之前叫雅各，拉班是雅各的岳父。據猶太拉比的推算，當雅各單身匹馬前來投靠拉班的時候，已經是 77 歲的老人了，但卻一見鍾情地看中了拉結，其後陰錯陽差的先娶了利亞，後來才是拉結，以及與拉結的使女辟拉，利亞的使女悉帕，前前後後生了十一個兒子，當他離開拉班回迦南時，已經是 97 歲的人。實在難以想像，縱觀雅各一路走過來的歷程，竟如此的出人意料之外。

拉班的意思是「白色」，字源來自「變白」，數碼是 82。一般而言，聖經中的白色可以代表聖潔，也可以代表虛假，如果說，在雅各和拉班相處的日子裡，不斷受到了拉班的算計，那麼，拉班的白色就代表了他的虛假。

但是，神何嘗不是借著拉班的虛白，來造就磨練雅各的生命，使之最後能夠「變白」成爲神可使用的器皿。

從這個角度來看，我們就得以明白雅各和拉班原來處於二元對立的位置，但雅各最終成就了與神合一的旨意，而且，拉班的女兒們與雅各最終建立了合一的關係，不管有多少曲折的情節夾在其中。

這就讓我們看到，在千禧年之中，人與神及人與人之間的關係，從二元對立轉化成為一元相合是可能的，而且前途也是被看好的。

86、

在希伯來文聖經上，神有許多的名字，其中最主要的一個，是出現在《創世記》第 1 章第 1 節的「神 elohim」，其數碼為 86，它也是「自然」一詞的數碼。所謂的自然神論，也就是把神與自然連在一起去理解。這並不是什麼異端極端的說法，而是我們得明白，神之名字的內涵並非千篇一律都不變，站在不同的層次就會到不同的內容，沒有什麼不妥之處。

由此，我們可以看到所謂的外邦人，通常都是站在「自然」的角度來認識神，重點在於強調神無所不能之特性。而猶太教及基督教則習慣於從耶和華和彌賽亞，或者說耶穌基督的角度來看問題，偏重於認識神無所不在的特性，也就是強調與神的同在。

聖經上的酒常用來比喻聖靈，而「酒杯」的數碼是 86，可見人作為被聖靈澆灌和充滿的器皿，和神的數碼 86 連在一起，正好應證神的能力是借著聖靈的智慧把知識放進人裡面。這就是無所不能、無所不在、無所不知之神運作的途徑。我們無法滲透其中無窮的奧祕，但對聖經的三一性，即整體性、不變性及無誤性，卻不能沒有基本的了解。

91、

「棚子」的數碼是 91，它使我們一下子就想到了聖經中的住棚節，因為它名正言順地和「棚」連在一起。住棚節實際上可以說是為外邦人預備的節期。

因為，住棚節是預表千禧年世界大同的光景。住棚節實際上包括了三個節期——吹號節、贖罪日和總共 8 日的住棚節，預表了耶穌第二次降臨的不同階段，人類的悔改，以及最後千禧年結束之時人類總的復活。

聖經中的第 19 卷是《詩篇》，它的鏡像數是 91，而《詩篇》的第 91 篇可以說是聖經中救苦救難的「靈丹妙藥」。在過去戰爭的年代，美軍的官兵因為不停地背頌此一詩篇，大大地減少了在戰場上死傷的人數。

當今，人類面對新冠病毒引發的疫情時，如果懂得好好地使用詩篇 91 此一靈丹妙藥，可能它為人類帶來的益處，會遠遠地超出我們的所知、所想。因為，這正是千禧年人類所要經歷的，意識和物質的互動及轉化，靈魂品質的升級，必定為身體帶來極大的益處。

當新冠病毒把人弄得寢食難安、筋疲力盡的時候；或在未來充滿著變數的日子裡，若遇到人難以跨越的坎，你要不要親自試一試詩篇 91 的威力？

94、

聖經明確地告訴我們，當新生的人類從死裡復活的時候，每一個人都會得到一個新的身體，這身體是不會腐壞的，因為它和現在人在世界上活著的肉體不一樣。「耶和華」一名的數碼是 26，它帶有「存在」的含義。每一個人活著之目的無非是尋求存在感。永生的實質就是在耶和華的裡面獲取存在感。

在聖經的《啟示錄》中，說到得勝者可以得到的賞賜，其中有一項是

神賜予隱藏的嗎哪。換句話說，就是能夠明白神隱藏起來的奧祕，並非隨隨便便任何人都能如此的榮幸。

「隱藏的嗎哪」的數碼是 161，由此，26+161=187，就是「耶和華的嗎哪」的意思。猶太拉比計算數字有一個原則，如果碰到一個奇數，平分取其中間的數字就是該數的中間數。比方，187 是個奇數，它的中間數是 94。那麼，這 94 是什麼意思呢？

它是 49 的鏡像數，49 是代表復活的數碼，所以 94 也帶有復活的含義。希伯來文的「那身體」的數碼是 94，所以它就是「耶和華的嗎哪」所揭開的奧祕。「那身體」就是隱藏在希伯來文「肉體」一詞中的字源——「報好消息」。

基督徒傳福音叫報好消息，而這好消息的實質就是當人復活時，得到的「那身體」是不朽的。如今，你總算簡單明了地弄清楚什麼叫「福音」了吧？

97、

「時間」的數碼是 97，「空間」的數碼是 186；186-97=89，它恰好是「身體」的數碼。也就是說，人的身體是活在時間和空間之中，三者的和諧互動缺一不可。

「時間機器」的數碼與神的誡命 613 相對應；而「空間機器」的數碼是 702，與「安息日、悔改」的數碼一樣。這是在告訴我們，徹底遵行誡命的結果，是人回歸源頭的時間機器；而悔改進入安息日，是空間機器的運作原理。

熱力學的第二原理，認爲熵增，也就是混亂最後把天地萬物都置於死地，而人的死裡復活是反熵。亞當夏娃碰善惡樹時，是在碰死亡的臨界點。反過來，現在人要進入永生，陰陽合成一體，「知識」正確結合的結果，就是爲熵退不增創造條件。

雅各改名爲以色列時 97 歲，告訴我們不管到了什麼年齡，聖經中的改名，是一個人的生命是否改變的風向標。耶穌喜歡自稱爲「人子」，此名的數碼是 97，實際上它爲我們揭開人與神緊密結合，超越死亡之律的眞相。這也是人要守安息日的眞正含義。

100、
以下這節經文是舊約先知西番雅（此名的意思爲「上帝所隱藏的」）描述末後大災難的情形。該節經文是整本希伯來聖經裡面，唯一包含了希伯來文 22 個字母，及 5 個尾字母的經文，所以，其分量自然是舉足輕重非同小可。

而且，該節經文的原文字母數是 94 個，「西番雅」一名的字母數是 5 個，加上代表神的數字 1，就成了 94+5+1=100，恰恰與我們把之列在數字 100 的位置，名正言順不謀而合，可見聖靈的安排多麼奇妙。

如下是這節經文的內容：耶和華說：你們要等候我，直到我興起擄掠的日子；因爲我已定意招聚列國，聚集列邦，將我的惱怒——就是我的烈怒都傾在他們身上。我的忿怒如火，必燒滅全地。（番 3:8）

在《啓示錄》中，當天使從天上倒下七碗時，聖經所記載的細節，可以與以上的這節經文互參；以及《啓示錄》第 19 章講到耶穌騎著白馬降臨，跟隨他的是許許多多穿白衣的天軍，他們將把第一和第二個獸

扔進火湖裡，這些正是對著以上這節經文的內涵講的。

它暗示我們，發生在世界末日的最後階段，神施行大審判之日子裡的事，往往都是出自人們的意料之外，哪怕是基督徒也不例外。唯有誠心誠意向神求拯救的恩典，才是出生入死的不二法門。

2、不快樂數字

講完了快樂數字，再談一下不快樂數。

所謂的不快樂數，是指一個數字所有數位的平方和，得到的新數再次求所有數字的平方和，如此重複進行，最終的結果必定都會進入 $4\rightarrow16\rightarrow37\rightarrow58\rightarrow89\rightarrow145\rightarrow42\rightarrow20\rightarrow4$……的循環之中。

也就是說，剛剛提到的這一連串數字，一共有 8 個：4、16、37、58、89、145、42、20，它們就像走馬燈一樣，一直繞著圈子轉不停。

實際上，這八個不快樂的循環數字，被一條主線牽連在一塊，那就是都與性的問題有關。不少人都以為，性與愛是彼此相連，差不多一個樣的東西。而事實卻並非如此，這就是這 8 個不快樂的循環數字要告訴我們的道理。

簡而言之，這 8 個循環數字告訴我們：第一個數字 4，對著受造者，特別是最先被神造出來的天使而言。而且，在他們受造之後，有一部分的天使因為跟神唱對臺戲而成了墮落的天使，撒旦就是帶頭的造反

者。如前所言，它正是伊甸園中誘惑夏娃吃「禁果」，也就是與之犯淫亂的罪魁禍首。

在漢字中，大寫的數字「肆」，帶有叛逆放肆之意，更進一步一目了然讓我們看清 4 這個數字的本質。由此而來，數字 4 就成了第一個出現（133-55-250）此一循環數根的數字。

這意味著，受造者一旦走上了與神對抗的道路，就像孫悟空掉進了如來佛的手掌心，無論怎麼翻來覆去都跑不出來。這就是像走馬燈一樣的循環數字的含義，人一旦掉進了一個出不來的陷阱裡，還有什麼快樂好言？

第二個數字 16，它代表人類的老祖宗亞當和夏娃，其數根（217-352-160）同樣也是一個循環數根，這是因為他（她）們不聽從神的話，與撒旦狼狽為奸，所以就掉進了出不來的陷阱裡。

第三個數字 37，它代表天堂，或者說天上的伊甸園。這不是一個很多人都嚮往的「極樂世界」嗎，為什麼會落在不快樂的循環數字之中呢？原來，這數字是在提醒我們，在亞當和夏娃墮落之前，兩個人的婚姻生活是何等的快樂和幸福。

但是，當夏娃與伊甸園中代表魔鬼的蛇發生了性關係，就一切都變味。特別是，在她與蛇發生了性關係之後，又回過頭與亞當再同房，相當於把禁果又給亞當吃，結果兩個人就落到了萬劫不復的死亡深淵之中，還快樂得起來嗎？

第四個數字是 58，它是挪亞一名的數碼，說明當年滅世大洪水的到

來，起因於人類與墮落的天使發生淫亂；而大洪水之後，挪亞在栽種葡萄的過程中，喝酒喝得醉醺醺的赤身裸體，照卡巴拉的說法，結果又發生了小兒子含與母親亂倫的事件。

數字 58 也是恩典的數碼，人們只知道，挪亞一家能夠上方舟，逃過死劫是神的恩典；卻不知道恩典的實質是叫人反思悔改，這才是數字 58 也會介入這條不快樂之鏈條的原因。

第五個數字是 89，它的意思指「身體」。保羅說過：「人所犯的，無論什麼罪，都在身子以外，惟有行淫的，是得罪自己的身子。」其意思是說，人的身體一旦犯了性關係「亂來」的罪，那可是猶太人要扔石頭把之打死的大事。

可是，如今的人都輕描淡寫不當的性關係，就像吹吹口哨那般若無其事，把本來欲哭無淚的一件傷心事，當成輕輕鬆鬆的快樂事。你說，還有什麼比如此的不辨黑白是非，讓尋求幸福快樂的人，更快樂不起來的呢？

第六個數字是 145，它是「亞伯拉罕」一名的數碼；如果把 145 再拆開一下，從中又可以拆出數字 45，它是亞伯拉罕的侄兒「羅得」一名的數碼。

從性愛的角度來看，亞伯拉罕是聖經上第一個為著自保，而眼睜睜看著自己的妻子撒萊，被送進埃及法老皇宮裡的人，若不是神出手相救，他這個所謂的「信心之父」，恐怕也做不下去了。

而羅得一家在被天使硬硬拉出所多瑪城之後，最後羅得在山洞裡與兩

個女兒發生性關係，並生下摩押及亞捫人的祖先。這對許多人來說，都似乎是羞於開口的事，所以喜歡用聖經人物起名的人，幾乎沒有人願意叫羅得。

可見，亞伯拉罕及羅得會出現在八個不快樂的循環數字中，無非神再一次把恩典賜給我們，讓自己好好地反思悔改。性和愛有著不同的定義，不要把之混爲一談才妥。

第七個數字是 42，它代表耶穌再次降臨之前，人間必將經歷的一場爲期 42 個月，空前絕後的大災難。

通常，人們一提到大災難的時候，總離不開把之與天災人禍、兵荒馬亂連在一起，現代人更離不開把它與核火的蘑菇雲，以及當前令人談虎色變的新冠病毒掛鉤。

然而，由於八個循環的不快樂數字，從頭到尾始終離不開性愛此一主題，所以，顯然我們也不應該離開此一主線來看待大災難的眞相。

換言之，哪怕在爲時 42 個月的大災難期，免不了有天災人禍、戰爭瘟疫等等因素的介入，但性淫亂可能是把人致於死地的殺手鐧。這暗示我們接下來要面對的 42 個月的眞相，大大出乎人的意料之外。

爲了證實這空前絕後的 42 個月的可靠性，所以，在聖經的數字系統中，沒有單獨出現過數字 43。所謂空前，是說在此之前所有人類歷史上發生過的事，甚至於傳說中的亞特蘭蒂斯古文明，最後如何被核火毀滅而沉沒海底，都不算數；而絕後呢，是說不管時間的長河怎麼奔跑，往後這樣的事也不會再發生了。可見這次的大災難是何等的不尋

了——末日眞相

常。

這意味著，當前在人類腦中存在的一切想法，都可能與接下來我們要面對的 42 個月的眞相大相徑庭，因爲它大大出乎人的意料之外。要不然，聖經的數字系統怎麼可能爲數字 43 獨樹一幟呢？

最後的第八個數字 20，帶有「頭」的意思，象徵隨著耶穌的降臨，人類歷史進入一個新的起頭。所有在 42 月中潔淨了身體的人，才得以進入千禧年的新時代，乾乾淨淨地活在大同世界之中；

在 1——100 的一百個數字之中，數字 20 是第一個與代表人的循環數根（217-352-160）脫鉤的數字。換言之，一進入 21 世紀，人類歷史必將進入一個徹底翻盤的轉捩點，也就是仰首挺胸邁進千禧年的嶄新時代。

希伯來文第二十個字母的意思是「頭」，它代表一種新的開始。當人類告別 20 世紀，跨進 21 世紀的時候，就是宣告數千年來的人類歷史就此結束，一切都將重頭開始。所以，我們才會從 2019 年開始，迎來了新冠病毒的洗禮，接下來，天翻地覆的事件還多著呢，讓我們抱著一顆坦然無懼的心去笑對。

而無法與循環數根（217-352-160）脫鉤的人，就只好繼續另一圈的不快樂的「輪迴」。所以，爭取在耶穌第二次降臨之時，進入人類頭一次復活的行列，成爲一個永遠的快樂人，才是值得每一個人努力奮鬥的終極目標。

這就是千禧年向人類發出的快樂呼喚，現在正借著這些數字，向每一

個人發出激動人心的邀請聲。

3、數根的概念及數字 0 和 1

以上有關數字含義的內容，是摘錄自《有字天書》一書，有關數根的概念，是該書講述的重點。

所謂的數根，就像樹根一樣。每一棵樹都有它的樹根，各不相同。但是，不管天下的數字有多少，數根歸納起來卻只有九個。而且，它們是與九個自然數一一對應的。

數根有什麼作用呢？所謂尋根究底，有時候，當人要探討一些問題時，從外面老是找不到答案，就要深入到裡面去尋求，這就是數根可以幫助我們認識數字的功能。特別是，通過數字客觀地認識形而上學方面的東西，更是功不可沒。

它是一個全新的概念，許多人都沒有聽說過。但是，它對於幫助進入數字時代的人類，更深刻地認識數字的含義，更好地發揮數字的功能，肯定具有重大的意義。數根一共有 9 個，恰好與 1 個快樂數，8 個不快樂的循環數字遙相對應。相信，這也不會是偶然的。

人類過去幾千年的人類歷史，不管替換了多少朝代，經歷了多少社會、政治體制的變動，無非一直落在換湯不換藥的循環之中。當人類頭一次復活的神跡發生之時，耶穌再次降臨之日，這一切才可能有翻天覆地的變化，直到千禧年結束，進入了人類的大結局。

至此，已經把快樂的數字1，及不快樂的8個循環數字，它們的內涵都簡單解釋過了。如果你要進一步瞭解有關數字、數根、數系的來龍去脈，可以自行上網查看《聖經中的數字和數根》，及專門談及數字的《有字天書》，因為受本書篇幅的限制，這裡就不多講。

最後，再談一下與數字有關，最重要的關鍵之點，就是要弄明白數字1和 0 的關係，因為它牽連到如何正確認識，造物主與受造者之間的關係問題。

神既是數字1，又是數字0，當把0放在前面，1放在後面，就成了電腦系統千變萬化都離不開的01。在這裡0代表造物主，1代表由造物主而出的受造者。

當1排在前面，後面跟著0，就成了10；其中的1代表神是造物主，0代表由祂而出的所有受造者。不管在0的後面，再加上多少個0，或其他的數字，都不過代表一切的受造之物，通通由造物主而出罷了。

在《一的法則》一書中，一概而論的「造物者」，混淆了造物主與被造者之間在本質上的差別。由此，應該用造物主與受造者，或造物主與造物者，這樣得以讓我們更準確地認識，人可以與造物主同享一種生命和能力，但在位格方面，兩者之間有一道既看不見，又不能越過的「線」。

這相當於，造物主0或1就是金字塔上頂尖的那一點，下面不管還有多少層、多少的數字，通通屬於受造者或造物者。弄清楚了這一點，任何神學上的難題，或派別之爭，必將迎刃而解。

就東方的金木水火土5行，以及西方的地水風火4大元素而言，它們兩者合在一起，最後也離不開 9 個自然數歸於 01 或 10 的結局。由此，「十」中包含了西方三一神學的架構，以及東方陰陽相交、相生、相克種種的道理，有待著未來進入數字時代的人類，去發掘其中所隱藏的種種奧祕。

第四部分

一則不能不知的末日預言

1、預言提出的警告

最後，談一則與世界末日有關的預言。現在，與所謂的世界末日有關的預言滿天飛，古今中外都有，令人聽得頭腦都發麻了，反而好。不然，還不見「狼來了」，就已經害怕、擔心、嚇死了。

在各式各樣的預言中，有一則預言值得一提，因為它無法照著字面的意思去理解，但卻與本書所講的話題息息相關。也就是說，從性愛的角度去探討，才能摸到此一預言的真實內涵。所以，特別在這裡講講，如何去解讀這則有著特殊價值的末日預言。

這則預言，是由一個叫塞爾維亞的小國家，一位已經去世多年，名叫米塔爾的預言家發出的。米塔爾是個目不識丁的農夫，他的預言是一位牧師為之記錄下來的。因為他所發出之預言的命中率，事後證明幾乎達到百分之百，連當時的皇族也為之背書，確認其靠譜的可信度。

米塔爾的預言分四部分：第一部分與第一次世界大戰有關；第二部分與第二次世界大戰有關；第三部分的預言，與從第二次世界大戰結束開始，直至今天的時代狀況有關；第四部分則與第三次世界大戰有關，是許多人最關心的。

前面的三部分，具體的詳細內容，有興趣的人可以自己上網查看，這裡就不多講。下面，僅僅談一下米塔爾有關第三次世界大戰的預言。首先值得一提的是，這則有關世界末日的預言，如果僅從字面的意思去理會，並不難理解。然而，若要從更深的層次，探索其中的內涵，是另外一回事。

本文的解釋，是從與字面意思迥然不同的角度出發，以聖經的觀點爲依據，所以解讀出來的內容，可能與你在網上所聽到、看到的不一樣。

如果說，聖經是一本其他無法與之相比的超級預言書，那麼，還有什麼預言的解讀，能夠離得開聖經呢？何況，米塔爾是一個虔誠的東正教徒，他的預言也只有從聖經的角度，才能得到比較正確的解讀。

米塔爾有關第三次世界大戰的預言，首先談到，當人們在默想，盼望多一些從神那裡得到智慧，本來是很好的事，可惜爲期已晚，因爲魔鬼已經蹂躪了全地，數量龐大的人群開始走向死亡。

這時，許多人從城市逃到鄉村，尋找有三個十字架的山，在那裡，將可以得到食物和飲用的水。那些逃出而獲救的人，不僅救了自己，也同時救了家人。

但沒多久，因爲發生了大饑荒，城鄉大量的食物都中了毒。許多人因餓不得不吃，卻不久就中毒而亡。只有那些禁食到底的人將獲救，因爲聖靈救了他（她）們，向神靠近。

那些戾氣沖天的惡者將向大能的勇士發起攻擊，當殘酷的戰爭開始時，那些處在空中位置的軍兵，要比在地上和水中作戰的遭受更大的兇險。

這一部分的預言，有關「尋找有三個十字架的山」，到底是怎麼一回事，下面再詳加解釋。這裡先講一下，「城鄉大量的食物都中了毒。許多人因餓不得不吃了，卻不久就中毒而亡」，其含義該怎麼理解？

針對著末日而發的與大饑荒有關的預言，實際上都是對著人們缺乏正確、客觀的精神食糧而言。耶穌說，「人活著，不是單靠食物，乃是靠神口裡所出的一切話」，就是指著這事說的。

當面對末世階段各色各樣信息的狂轟濫炸，許多人因為看不清方向，饑不擇食的聽什麼、看什麼就信什麼，實際上，那些魔鬼故意散發出來，充滿著把人引向地獄的負能量信息，就像人吃了「中毒」的食物，不知不覺中就要了人的命。

而真正對人的靈魂有益，來自聖靈的信息，不信的人卻把之拒之門外。這就是「只有那些禁食到底的人將獲救，因為聖靈救了他（她）們，向神靠近」的原因所在。

所謂的「禁食到底」，不是叫你要禁食到餓死也不放棄；而是說，一切「有毒」的胡言亂語都不要去管它，只要守住性聖潔這一條，就可以向神靠近獲救。

而在這部分預言中，最後提到「那些戾氣沖天的惡者將向大能的勇者發起攻擊，當殘酷的戰爭開始時，那些處在空中位置的軍兵，要比在地上和水中作戰的遭受更大的兇險」。那是指魔鬼所在的核心位置乃在空中，所以在它的大本營，與之爭戰之大能勇士們，要付出的代價自然更大。

保羅在《以弗所書》中，早就為我們擺明了這一點：「我們並不是與屬血氣的爭戰，乃是與那些執政的、掌權的、管轄這幽暗世界的，以及天空屬靈氣的惡魔爭戰」，沒有什麼值得驚慌。

2、奇怪的炮彈

該預言的第二部分是說到，當第三次世界大戰來臨的時候，發動這場戰爭的人將擁有他們的科學家，他們將發明一種奇怪的炮彈。當它們爆炸時，這些炮彈不是殺戮人，而是對所有的人，軍隊和牲畜施予咒語，這個咒語將使他們昏睡，這種昏睡將代替戰鬥，此後他們得以恢復理智。

下面，談談該如何解讀這部分預言的內涵。

前面，已經講過羅得與他女兒們在山洞裡，發生亂倫性關係的事。如果我們把之與米塔爾預言裡所講的，「奇怪炮彈」連在一起思考的話，你是否覺得兩者之間有不謀而合之處呢？

也就是說，所謂「奇怪的炮彈」，可能指的是末後的階段，魔鬼或靈界利用日益發達的人工智能，把之變成一種挑動人「性欲」的手段或工具，使人不知不覺地掉到地獄的陷阱羅網之中。或者說，末日的階段就是性氾濫像大洪水、海嘯一般鋪天蓋地而來。

有的人不是看到地獄裡的異象嗎？喜歡殺人、打鬥的，就讓你天天打得頭破血流；喜歡淫亂的，就讓你接二連三地在床上打滾，直到像抽橡皮筋一樣枯乾乏力，躺在床上吐白沫。使用這樣一種方式折磨喜歡姦淫的靈魂，不比身體上受到攻擊、傷害，更慘千萬倍嗎？

上面，我們已經詳細地解釋了羅得與他的兩個女兒，在山洞裡發生亂倫的性關係，生下摩押人和亞捫人先祖的來龍去脈。從羅得與他的女

兒們發生性關係的過程中，你不覺得有些令人難以理解的地方嗎？

為什麼在羅得與兩個女兒發生亂倫的整個過程，羅得就像中了「咒語」一般，完全是在一種迷迷糊糊，不省人事的狀況下與大女兒「圓房」的。然後，當醒過來的時候，就完全忘記了自己所作的一切。並且，第二次夜裡，又如法炮製與小女兒作了同樣的事。

這有點像中國世俗文化中，講到的使用迷幻藥的情形。而且，羅得在完全失去知覺的情況下，他又怎麼能與女兒發生性接觸生孩子呢？這不能不令人感到難以理解。除了靈界超自然的因素介入，我們實在無法想像什麼「咒語」會如此厲害。

這種情形，與米塔爾所提到的奇怪的炮彈，當它們爆炸時，這些炮彈不是殺戮，而是對所有的人，軍隊和牲畜施予咒語，這個咒語將使他們昏覺，他們將昏睡而不是戰鬥，然後他們恢復理智，這兩者之間不正好一拍即合嗎？

為什麼對牲畜也施予咒語？這無非暗示我們，到了末世的階段，有些人就像畜生一樣，完全失去了人的理性，在性行為上與畜生隨時隨地，就可以進行交合的本性，差不了多少。

倘若真的如此，那所謂的第三次世界大戰，根本就不是核火引發的「蘑菇雲」要了人的命；而是像溫水煮青蛙，人就不知不覺地躺在「快樂鍋」裡「消魂」。

3、「庇護所」在何方？

這個預言的第三部分講到：我們不會被捲進這場爭戰，但其他人將在我們頭上戰鬥，被燒的人將從塞爾維亞的一個城市 pozega 的上空掉落。只有一個國家在世界的盡頭，它的四面被大海包圍，大約和歐洲一樣大。那裡的人將生活在和平中，沒有任何麻煩。在它的上空，沒有一個炮彈會爆炸，那些在山上奔跑和躲藏，見到三個十字架的人，將找到自己的庇護所，並被拯救，在富足、幸福和愛之中生活，因為不再有戰爭。

根據這則預言的字面意思，不少人把這個國家的標籤，貼在澳大利亞的身上。因為，這個國家四面被大海包圍，又和歐洲的面積相差不了多少，恐怕在地球上，再也找不到比澳大利亞，更符合預言中所提到的條件。

然而，如果我們認真的思考一下，可以發現事實的真相並非如此。首先，如果事實果真如此，那麼，就算全世界的人，都有條件移民到澳大利亞的話，這個島國能容得下數十億的人口嗎？

何況，沒有條件到澳大利亞當難民的人比比皆是。那麼，公義的神難道會出這麼個餿主意，讓一部分有條件的人先躲起來，其他的就等著死嗎？神的自由意志法則，從來都不是按金錢第一優先的規矩施行的。

那麼，應該怎麼樣去理解這件事呢？顯然，不能從字面，而應該從更深的層面，才能發現其真正的含義。

如果說，按整個歐洲目前的人口來說，它大概占全球人口的十分之一。「十分之一」這個數字，一方面與傳統教會所提倡的，十分之一的奉獻連在一起，表示拿出的十分之一歸神，剩下的十分之九歸自己。兩個數字帶有分別的意思。

但是，十分之一也可以指「全部」。因為，照原文的意思，所謂的十分之一，是指最後「第十」的那一份。如果按耶穌跟那個想得永生的少年富人說的話，神是要他把「所有的」，通通都拿出來救濟窮人。從這個角度而言，「十分之一」相當於「十分之十」。

當明白了這「十分之一」的雙重含義之後，就不難理解占全球人口十分之一的歐洲，是怎麼一回事。

照米塔爾有關第三次世界大戰的預言所說的，將有許多的人口，會在第三次世界大戰期間被淘汰出局。具體的數字是多少，他沒有提到。但如果我們從十分之一，與十分之九這兩個數字去作判斷的話，可以看到前者十分之一是屬於得救的；而後者十分之九是屬於滅亡的。

這會是一個離譜的比例嗎？如果看一看網上有關外星文明的信息，古代的文明沉沒於海底時，動不動就幾乎全軍覆沒，能剩下十分之一的人口，那還算是上天格外開恩網開一面呢。

然而，反過來，我們還可以從十分之一，等於十分之十的層次來看問題。這時，整一個地球就相當於是一個「歐洲」，它把所有地球村的人口都包括進去。

換句話說，只要你找到預言中所說的三個十字架，就可以蒙恩得救。

而且，不管你身處地球的任何角落，只要明白其中的道理，就可以享受三個十字架給人帶來的救恩。

4、三個十字架

於是，就進入這則預言的關鍵點了：這三個十字架到底代表什麼？無論何人，只要願意，就可以隨時隨地找到它們嗎？

實實在在，是的！聖經記載，當耶穌被釘十字架時，他自己被釘在中間，而兩邊是兩個犯人，分別被釘在兩個十字架上。由此，就出來了三個十字架。

同時，當耶穌被釘十字架時，聖經記載：「那同釘的兩個犯人有一個譏誚他，說：你不是基督嗎？可以救自己和我們吧。那一個就應聲責備他，說：你既是一樣受刑的，還不怕神嗎？我們是應該的，因我們所受的與我們所做的相稱，但這個人沒有做過一件不好的事。就說：耶穌啊，你得國降臨的時候，求你紀念我！耶穌對他說：我實在告訴你，今日你要同我在樂園裡了。」

由此，可以看到，三個十字架讓我們看見一個事實：兩個與耶穌一起釘十字架的犯人，代表了所有的人類分成了兩邊：一邊是由真心認罪，向耶穌求救的犯人所代表；而另一邊則是由死不悔改的犯人所代表。

可見，並不是僅僅見到十字架就可以得救，而是在十字架上真心悔改

的人才能得救。所以，看起來與耶穌一起釘十字架的，還有左右兩個犯人。但是，聖經原文指出，實際上只有那一個認罪的才算、才配與耶穌同釘十字架。

不少人都誤解了以下這段經文的真正含義：「他們又把兩個強盜和他同釘十字架，一個在右邊，一個在左邊。從那裡經過的人辱罵他，搖著頭說：咳！你這拆毀聖殿、三日又建造起來的，可以救自己，從十字架上下來吧！祭司長和文士也是這樣戲弄他，彼此說：他救了別人，不能救自己。以色列的王基督，現在可以從十字架上下來，叫我們看見，就信了。那和他同釘的人也是譏誚他。」

因為，這段經文中的最後一句話，「那和他同釘的人也是譏誚他」，其中的「同釘」這個詞語，在聖經中一共出現過 5 次，都是帶著正面的含義；

而其中的「譏誚」，它在聖經原文中的第一次出現，是《馬太福音》第 5 章第 11 節，用在耶穌身上：「人若因我辱罵你們，逼迫你們，捏造各樣壞話誹謗你們，你們就有福了！」其中的「辱罵」就是與「譏誚」同一個詞。

由此而來，「那和他同釘的人也是譏誚他」，並不是指與耶穌同釘十字架的人譏誚耶穌；而是說，兩個強盜中，只有那個認罪悔改的人，才算與耶穌同釘十字架，所以，這個真正與耶穌同釘十字架的「他」，免不了也要受到眾人及祭司長和文士譏誚一番。

試想一想，一個真心悔改的犯人，並且耶穌親口對他說，「今日你要同我在樂園裡了」，怎麼還可能出爾反爾，在十字架上譏誚救他的主

呢？可見，我們不能離開聖經的整體性和不變性去理解任何經文。

那個死不悔改的犯人，到底犯的是什麼罪呢？俗語說，人之將死，其言也善，爲什麼這個犯人卻死到臨頭的時刻，還執迷不悟呢？

這時，我們就要看到，耶穌被釘十字架的地方叫各各他，也叫骷髏地，顧名思義就像光禿禿的頭顱一樣。它象徵人受割禮的生殖器，割包皮的部位，無形之中就成了光禿禿的骷髏頭。

換言之，各各他就是象徵人的肉體情欲受到了對付，從此與不正當的性關係一刀兩斷，走上主的十字架道路，享受神給人聖潔、自由的「性」福生活。

然而，人在這個問題上，就像那個在十字架上死不認罪的犯人一樣，是何等的愚昧和固執，不願意放棄汙穢的性生活，一再地重複當年夏娃和亞當吃禁果帶來的咒詛。直到末日的階段，反而變本加厲地掉進一個個的黃色陷阱，步上了死而又死的滅亡之路。

這也是，米塔爾的預言裡，提到所謂世界的盡頭，其實是指著「死海」而言。而當提到死海的時候，人們就會油然地想到羅得一家的故事。死海就在所多瑪城的附近，羅得的妻子就是在死海邊變成「鹽柱」的。

所有這一些，都不過是把世界末日與當年從天而降的火，燒毀了所多瑪大城的事件連在一起，讓我們明白世界末日的實質，與當今世界性氾濫的「大洪水」息息相關。

若我們還看不清楚這一點，就算看見了山中的三個十字架，卻像那死不悔改的犯人一樣，最後還是跑不了落在所多瑪的火海裡。離開了天使扶持的手，還能往何處逃？

特別值得一提的是，塞爾維亞的國歌叫「公義的上帝」，它的國旗和國徽上的圖案，其中心是一個白色的十字架，裡面隱藏著佛教的吉祥標記卐。唐朝的武則天把之定音為「萬」，天主教徒出身的希特勒也把它放在納粹旗上，希望為自己帶來好運。

這一個卍字，它的部首出自「十」，與之十分相似的另外一個字卐也出自「十」，但兩者的筆順號碼卻不一樣，前者的號碼是5121>5+1+2+1=9；後者的號碼是5212>5+2+1+2=10，兩者的結果不一樣，其內涵也就不一樣。這個白色的十字架及兩個隱藏的「十」字，也可以當成是三個「十字架」去理解。

這告訴我們，公義的上帝並不照著人外面所貼的標籤來認人。行公義的必蒙神的憐憫和祝福，順者昌，逆者亡。何況，卍字的發音與「萬」掛鉤，而漢字的「萬」乃是對著蛇、蠍子一類的爬蟲而言，所以一心追求外面的吉祥，忽略了內在的聖潔，本末倒置的結果會把人帶到哪裡去，可想而知。

每一個「十」字架的中心，只能有一個交點。所以，人聖潔的性關係，也被限制在一對一，不容許第三者介入的範圍中。這是蒙神祝福或咒詛的分界線。由此看來，出自塞爾維亞這個小國的末日預言，會與三個十字架連在一起，絕不是什麼偶然發生的事。

5、這才是預言的關鍵所在

最後，值得一提的是，在塞爾維亞這個小國家，還出現了特斯拉這樣一個「神人」科學家，他的一生發明了無數與能源有關的產品。其中最著名的類似電視塔的特斯拉裝置，它可以不使用天地的資源，就自行「製造」人所需要的電能。

如果你看一下網上相關的視頻或圖片，可以發現這個特斯拉裝置的模式，就像男人的生殖器，前端圓圓的部分，就像行割禮後的「骷髏頭」正在放電，無形之中又與性愛的能量連在一起。

現在，聽說有一個機構正在模仿特斯拉當年的工作，重新「復活」這一個裝置，並且取得了令人歡欣鼓舞的成果。他們發現，當這個裝置的周圍有人群聚集的時候，特別是擁有正能量的人增加的場合，這個裝置就越好用。

這表明人的身上，可能隱藏著以往人們從來沒有想到的巨大能量，它甚至超越太陽能這樣的資源，可以成爲未來地球能量的供應，取之不盡用之不竭的寶庫。而由愛發出的正能量，會不會是這種超級能量的主角呢？

隨著科學、哲學、神學進一步的有機結合，人類一定能夠在各個領域裡，取得越來越出於人意料之外的重大突破和發展，把人類文明提升到前所未有的水準。

漢字的「愛、艾、癌」是同音或諧音字，它們似乎在暗示我們，人類

的未來必將隨著愛之能量在地球的流暢運轉，讓「慈」力成爲科學的主力軍；同時，植物性的天然藥物，將在人之靈魂體的保健上，發揮重大的作用；從而把像癌症一類的不治之症，徹底掃進歷史的垃圾堆。

這大概就是《啓示錄》所說的，「在河這邊與那邊有生命樹，結十二樣果子，每月都結果子；樹上的葉子乃爲醫治萬民」。

無論如何，當我們明白了米塔爾預言的內涵，起碼，它給我們帶來了一種新的思維方式，不要整天被一大堆的負面信息籠罩著，也不必整天想著如何去尋找，或建造挪亞的「方舟」，以便逃過前面的浩劫。

這裡，還可以進一步爲你揭開方舟的祕密。當年，不管是挪亞一家八口人，還是上了方舟的動物，無論是潔淨或不潔淨，都是一公一母，成雙成對的。這是讓人或動物，即使在密不透風的方舟裡，仍然可以有一對一，陰陽相交地進行正常的性生活。

換言之，這是在方舟關門之前，神再一次向人類強調，性聖潔與人之生死息息相關的重要性。

聖經明明白白地說，大洪水來臨的那一年，挪亞是600歲上了方舟；挪亞出方舟的時候是601歲；洪水之後，挪亞又活了350年，挪亞共活了950歲就死了。

這意味著，挪亞一家及動物們呆在方舟的那一年，並不算在人間的「黃曆」裡。換言之，方舟裡的人和動物，都活在超時空的所謂第四維度之中。他（她、它）們可以不吃、不喝，卻照樣可以有超越肉體

感受的快樂性生活。

想一想，挪亞建造的方舟，不過是長三百肘，寬五十肘，高三十肘。
這樣的空間，哪怕每一種類一對就好，怎麼能裝得下天下要留種的動
物？何況，在這一年之中，吃的、喝的，都還沒有計算在內呢，這小
小的方舟，有什麼空間可以容得下？

可見，整一個挪亞方舟要帶給人類的啟示，不是怎麼樣去維持、保護
肉體的存在，而是站在更高的維度，跟超時空的神之大愛的能量接
軌。如果我們真的明白這一點的話，人類走出世界末日陰影的關鍵，
就是要弄明白神的性愛之律，這才是出死入生之路。

也許，隨著人類已經邁進了人工智能的數字時代，挪亞方舟超時空的
奧祕，會為我們揭開更多的東西。特別是，性愛的能量存在於每一個
人的體內，它可能就是等待著人類去開發的能量源頭。

所以，聖潔的性生活，可能是打開這個能量源頭的鑰匙。一旦用之打
開愛之巨大能量的大門，人類必將與超越時空的永生領域接軌。相
信，特斯拉為人類尋找新能源的努力和奮鬥，是出自神的安排。它不
會因為任何貪名圖利的個人、團體的幹擾或破壞，就一切隨著特斯拉
走了，都泡湯而消蹤滅跡。

現在越來越多的人，認識到提高人之正能量的重要性。同時，經過一
些心理學權威人士研究多年的結果表明，一個正能量分數越高的人，
他（她）能夠影響周圍其他人的效用也越大。這將大大的抵消地球村
中負能量引發的危機。

從世界末日的角度來說，如果越來越多的人意識到，聖潔的性愛能量發出的功效，將大大地出於人的意料之外。那麼，無形之中，世界末日的威脅也就相對被減少，使人能夠在安全的範圍內存活。一切已經消失的古文明，無一不是毀于道德的墮落，哪怕是再發達的科技，也挽回不了敗局。

最後，把這則米塔爾末日預言，與聖經中的一個數字 42 連在一起，進一步爲你揭開末日眞相的奧祕。

耶穌在講到末日的大災難時，在《馬太福音》第 24 章第 22 節說了這樣的話：「若不減少那日子，凡有血氣的總沒有一個得救的。只是爲選民，那日子必減少了」；同樣意思的話，在《馬可福音》第 13 章第 20 節又再一次出現：「若不是主減少那日子，凡有血氣的，總沒有一個得救的。只是爲主的選民，他將那日子減少了」。

這兩處聖經中的「血氣」，在原文中是指「肉體」。也就是說，耶穌的話指出所謂大災難的實質，是指人的肉體無法守住性的聖潔性，落在亂交、濫交的性關係中，面臨死亡的威脅。如此一來，若神不減少那日子，沒有一個得救的。

這一段日子，《啓示錄》中把之定爲 42 個月，爲了證實這 42 個月具有空前絕後的可靠性，所以，聖經上沒有直接出現 43 這個數字。

頗有意思的是，我們看以上所提的，馬可、馬太兩處聖經節數的號碼：20+22=42，它和 42 個月的時間段恰好吻合，到底神要從 42 個月裡減去多少不得而知。但是，2022 就是今年的年分數字，卻明顯地擺在每個人的眼前。

也許，這正是此時此刻，你能看到此一信息的原因。過去，人們總是把所謂的世界末日，與天災人禍、飛彈核火，甚至於病毒瘟疫連在一起。卻很少想到，它可以和色情的性愛扯到一塊。

同時，人總是想方設法要讓身體活得舒服一些，卻少有人想到，正是身體不合法的亂交，最後要了人的命。

倘若，米塔爾末日預言中提及的「奇怪炮彈」，它正是魔鬼或靈界所使用的殺人不見血的手段，那麼，現在人類還不覺醒的話，等到後來中了「迷魂彈」，人像中邪一般，昏昏沉沉地把肉體交給魔鬼去處理。當在地獄裡醒過來時，卻發現一切都已經太晚了。

前面指出過，挪亞的方舟「長三百肘，寬五十肘，高三十肘」，如果把長、寬、高的數字相乘，答案是 300x50x30=450000=45x10000，其中的 45 是「羅得」一名的數碼；而漢字數詞「萬」（10000）的意思是指「蟲」，即蠍子、蛇，也就是魔鬼的別名。

羅得與其兩個女兒亂倫的事，前面已經講得很清楚。這裡，他的名字的數碼又再一次出現，並且與蟲、蠍子、蛇連在一起，這無非告訴我們，若看不清世界末日的真相，可能就會步羅得的後塵，落在昏睡之中發生不潔的性關係，而喪命于黃泉路。

所有落在方舟之外的人，就是由「萬」所代表的數不清的爬蟲類，可能它也包括了「蜥蜴人、小灰人」，諸如此類的所謂來自地外文明的外星人。這就是「凡有血氣的總沒有一個得救」的真相。

同時，從數系的角度而言，450000=45x10000，也可以把之當成 145000

去看待，其中的 145 是「亞伯拉罕」一名的數碼，1000 是千禧年的代號。這代表後來出方舟的人和動物，就是亞伯拉罕在耶和華毀滅所多瑪之前，6 次跟神討價還價的代禱，哀求神憐憫開恩放過一馬的所多瑪城中的「義人」，得以最後成為千禧年地球村中的居民。

在《啟示錄》中，提到天上有 144000 位「童身」的得勝者，「羔羊無論往哪裡去，他們都跟隨他」。

上面的 145000，與這裡的 144000，剛好有 1000 的差別。這又告訴我們，當代表千禧年的 1000 年結束的時候，人類將個個都是「童身、處女」，不管是又娶又嫁，還是不娶不嫁，神聖潔的婚姻法則徹底得到落實。這才是我們必須看到的終極目標。

也許，當我們明白了這一些之後，對於如何認識世界末日的真相，清醒的面對各色各樣的考驗，會有莫大的幫助。一個嶄新的時代正在等待著新生人類的進入。

相信，由聖靈啟示而來的潔淨之活水，是未來時代的人，賴以生存的取之不盡用之不竭的能量源泉。

這將是一件何等激動人心的大事。願上帝照著祂的公義和慈愛，祝福每一個看到這些信息的人，乘坐超時空的挪亞「方舟」，沐浴在浩瀚無際的宇宙光之中。

後注

本書在書寫的過程中，綜合參考了《洞穴之光》、《有字天書》、《此言不中非天語——格庵遺錄探解》、《漢字欲出》、《卡——歸零之後》等書的內容。

如果有什麼需要詢問或交流的，請用郵件聯繫：
yencpa4jesus@aol.com

國家圖書館出版品預行編目資料

了——末日眞相／完成著. –初版.–臺中市：白
象文化事業有限公司，2024.4
　　面；　公分
ISBN 978-626-364-287-4（平裝）

1.CST: 聖經研究 2.CST: 言論集
241.01　　　　　　　　　　　113002257

了——末日眞相

作　　者　完成

校　　對　完成

發 行 人　張輝潭

出版發行　白象文化事業有限公司

　　　　　412台中市大里區科技路1號8樓之2（台中軟體園區）

　　　　　出版專線：（04）2496-5995　　傳眞：（04）2496-9901

　　　　　401台中市東區和平街228巷44號（經銷部）

　　　　　購書專線：（04）2220-8589　　傳眞：（04）2220-8505

專案主編　黃麗穎

出版編印　林榮威、陳逸儒、黃麗穎、水邊、陳婷婷、李婕、林金郎

設計創意　張禮南、何佳諠

經紀企劃　張輝潭、徐錦淳、林尉儒

經銷推廣　李莉吟、莊博亞、劉育姍、林政泓

行銷宣傳　黃姿虹、沈若瑜

營運管理　曾千熏、羅禎琳

印　　刷　百通科技股份有限公司

初版一刷　2024 年 4 月

定　　價　300 元

白象文化　印書小舖　出版 · 經銷 · 宣傳 · 設計
www·ElephantWhite·com·tw　自費出版的領導者　購書 白象文化生活館